Uwe Timm

Von Anfang und Ende

Auf Einladung der Goethe-Universität Frankfurt hat Uwe Timm 2009 fünf Vorlesungen zur Poetik gehalten. »Der legendäre ›Adorno-Hörsaal‹ VI der Frankfurter Goethe-Universität war überfüllt wie seit den Kampfzeiten nicht mehr, als Uwe Timm, der im Sommersemester 2009 die Poetikdozentur bekleidete, im fünfzigsten Jahr dieser Einrichtung seinen Vorlesungszyklus eröffnete. (…) Zu hören waren in geballter Verdichtung fünf konzise poetologische Vorlesungen, die es in sich hatten und deren Vortragender seiner Aufgabe präzise, konzentriert und beherzt nachkam. (…) Zwischen den Anfängen und Enden spannte Timm einen Bogen vom biblischen Buch Genesis und der Offenbarung des Johannes über Goethe und Camus bis hin zu Adalbert Stifter, erörterte die Elemente poetischen Schreibens und begab sich auf einige atemberaubende Expeditionen ins eigene Romanwerk.«
Volker Breidecker, Süddeutsche Zeitung

Uwe Timm wurde am 30. März 1940 in Hamburg geboren. Er studierte Philosophie und Germanistik in München und Paris. Seit 1971 lebt er als freier Schriftsteller in München. Weitere Werke u. a. ›Heißer Sommer‹ (1974), ›Morenga‹ (1978), ›Kerbels Flucht‹ (1980), ›Der Mann auf dem Hochrad‹ (1984), ›Der Schlangenbaum‹ (1986), ›Rennschwein Rudi Rüssel‹ (1989), ›Kopfjäger‹ (1991), ›Die Entdeckung der Currywurst‹ (1993), ›Johannisnacht‹ (1996), ›Nicht morgen, nicht gestern‹ (1999), ›Rot‹ (2001), ›Am Beispiel meines Bruders‹ (2003), ›Der Freund und der Fremde‹ (2005), ›Halbschatten‹ (2008), ›Freitisch‹ (2011), ›Ikarien‹ (2017).

Uwe Timm

Von Anfang und Ende

Über die Lesbarkeit der Welt

Frankfurter Poetikvorlesung

dtv

MIX
Papier aus verantwortungsvollen Quellen
FSC® C019821

2. Auflage 2023
Vom Autor neu durchgesehene Ausgabe 2011
dtv Verlagsgesellschaft mbH & Co. KG, München

Umschlagkonzept: Balk & Brumshagen
Umschlagbild: ›Fifty Days at Iliam:
The Fire that Consumes All before It‹
von Cy Twombly (Gagosian Gallery)
Satz: Pinkuin Satz und Datentechnik, Berlin
Druck und Bindung: Druckerei C.H.Beck, Nördlingen
Printed in Germany · ISBN 978-3-423-14036-2

Für Martin Hielscher

Inhalt

1.
Über den Anfang

Aller Anfang ist schwer, so der Volksmund, und das gilt auch für diesen Anfang. Ich habe, als ich mit dieser Arbeit anfing, das getan, was man neuerdings zu tun pflegt, und im Internet nachgesehen, gegoogelt, wie es neudeutsch heißt. Es finden sich etliche Eintragungen, unter anderem eine Sammlung der ersten Sätze Hunderter und Aberhunderter deutscher und ausländischer Romane, darunter auch die meiner eigenen. Eine ganz erstaunliche Fleißarbeit.

Eine andere Eintragung lautet: Der Weg zum erfolgreichen Roman, der richtige Anfang. Workshop mit Profi. Preis nach Anfrage.

Also fangen wir an.

»Am anfang schuf GOTT himmel und erde.« In diesem ersten Satz des ersten Buchs Mose stellt sich auch gleich das Problem aller Anfänge ein. Die Frage, was war davor? Bei der Frage nach dem Anfang des Anfangs kommt man in einen, wie es in der Logik heißt, infiniten Regress. Aber der hat nur einen geringen Erkenntniswert.

In der Genesis heißt es: »Und die erde war wüste und leer, und es war finster auf der tiefe, ...«

Das Chaos. Unstrukturiert, ohne Zeit, das heißt

kein Vorher, kein Nachher, kein räumliches, kein zeitliches. Kein Hier, kein Dort. Tiefe Dunkelheit.

»Und GOTT sprach: Es werde licht! Und es ward licht. Und GOTT sahe, dass das licht gut war.«

Die Kosmogonie des Alten Testaments findet ihre triviale Entsprechung im weißen Blatt, das in der Vorstellung der Schreibenden, auch derjenigen, die schreiben wollen, eine geradezu mythische Bedeutung hat. Was dort Dunkelheit, ist hier das unschuldige Weiß des Papiers oder aber das hellgraue Flimmern der Bildschirmfläche, die beschrieben werden soll, und zwar so, dass es gut sei. Zunächst einmal hieße das, der Schreiber, und später der Leser, möge über den ersten Satz, über die ersten Sätze hinauskommen, eine Bewegung nach vorn, eine Entwicklung, eine Chronologie verfolgen. Ein kleiner, sprachlicher Kosmos, so die selbstherrliche Vorstellung, etwas ganz Neues soll entstehen, vergleichbar dem, wenn man diese Megalomanie zulässt, was die Astrophysiker vor 13,7 Milliarden Jahren ansetzen, dem Urknall nämlich, aus dessen Energiebrei sich die Materie gebildet hat. Dieses Gebräu vor dem Anfang, vor der Festlegung, vor dem Schreibakt, wäre die Stimmung, die Ahnung, die vielleicht noch nicht einmal zu benennen ist. Man kann sich das heroisch und dramatisch vor Augen halten, wie in der Sixtinischen Kapelle dieser bärtige Riese mit raumgreifender Bewegung Hell und Dunkel teilt, wie ein Oben und Unten, ein Fest und Flüssig entstehen. Und jedes Mal wieder heißt es nach den sechs Schöpfungstagen: Und Gott sah, dass es gut war. Aber was heißt gut? Was schlecht? Es muss also eine Vorstellung des Schöpfers von dem geben, was gut, was schlecht ist. Die Schrift sagt uns nicht, was dieser Schöpfer im Sinn hatte, welche Vorstellung ihn bewegte und wie er sagen kann, das Geschaffene sei gut. Nicht alles ist gelungen in der Schöpfungsgeschichte des Alten Testaments, hinter dem wir uns mehrere Verfasser denken müssen, es sind Ungereimtheiten und Fehler unterlaufen. Auch die derart beschriebene Schöpfung war unvollkommen, fehlerhaft, regelrecht missglückt. Ja, einen Moment lang wollte ihr Schöpfer sie wieder zugrunde gehen lassen. Alles Leben sollte ersäuft werden. Die sich hier auftuende Antinomie, die über Jahrhunderte Theologen und Philosophen beschäftigt hat, soll uns aber nicht weiter bekümmern, nur die Frage sei gestellt. Wie kann es sein, dass Gott, wenn er denn allmächtig ist, nicht sogleich eine richtige, eine gute Schöpfung hinbekommt?

Diese scholastische Frage, wie und ob man die Widersprüche erklären kann, interessiert mich hier nicht, mich interessiert allein, wie dieser Anfang anfängt. Die Schöpfungsgeschichte hat zwei Anfänge, der erste, gebetartig und durch das Wort bestimmt: »Und GOTT sprach ... Und GOTT sahe, dass es gut war.« Der jüngere Text, die sogenannte Priesterschrift, ist um 550 vor Christi entstanden. Er liest sich wie eine knappe Zusammenfassung des Sechstagewerkes mit einem schöpferischen Ruhetag. Der nachfolgende Text, der sogenannte Jahwistentext, ist um das Jahr 900 vor Christi entstanden, also fast 400 Jahre älter, und beschreibt das Paradies und wie der Herr dieses Gartens den Mensch hergestellt hat, »aus einem erdenkloß, und blies ihm den lebendigen odem in seine nase.« Das ist wunderbar einfach und bildhaft beschrieben, noch ganz bestimmt von der anschaulichen Erfahrung eines Töpfers. So wie später, nach dem Sündenfall, Adam und Eva, als ihnen ihre Körper, ihr Geschlecht bewusst werden, sich unter den Blättern dasjenige aussuchen, das groß genug ist und in seiner Form und Bildung von Versace nicht besser hätte entworfen werden können. Gepflückt nicht vom Baum der Erkenntnis, sondern von einem Baum, der nur Scheinfrüchte trägt: inwendig feucht, rotrosafarben, dem weiblichen Geschlecht ähnlich, die Feige. Die Geschichte von Adam und Eva ist in derart *sprechenden Situationen* erzählt, die zum Bildnerischen drängen, tatsächlich leicht darstellbar wurden, verstehbar auch für diejenigen, die diese Heilige Schrift nicht lesen konnten. Das Wort der Schrift wurde anschaulich. Das Wort wurde wirklich. Es konnte seine Kraft entfalten. Wie der Mensch erschaffen wurde, wie er in die Sünde, wie es zu Leid und Tod kam.

Und später, im Neuen Testament, die Verheißung, er könne erlöst werden. Er werde auferstehen. In den Darstellungen der Kreuzigung deutet der Totenkopf unter dem Kreuz auf den Urvater Adam, auf die Erbsünde, sie wird durch den Gekreuzigten überwunden. Denn erst durch ihn, den Sohn, durch sich konnte Gott erfahren, was Tod ist.

Aber wir haben vorgegriffen. Der Berichterstatter in der Genesis, von Alttestamentlern Jahwist und Elohist genannt, lässt seinen Schöpfer nochmals nachbessern. Der Herr des Gartens bemerkt, nachdem er Adam in den Garten Eden gesetzt hat, dass es nicht gut sei, wenn der Mensch allein ist. Vom Erzähltechnischen her könnte man sagen, er brauchte, um Adam auf die Probe zu stellen, ob der denn wirklich das Verbot, vom Baum der Erkenntnis zu essen, einhalte, einen Konterpart. Darum musste eine Rippe entfernt werden, um die Männin, wie Luther ein hebräisches Wortspiel übersetzt, zu schaffen, damit die große Bewegung, die Geschichte in Gang käme. Warum muss der Herr des Gartens sein Geschöpf Adam, nachdem der vom Baum der Erkenntnis gegessen hat, erst suchen? Hatte er zu Mittag geruht, so wie er am siebten Tag ruhte? Er ruft ihn, den Sünder, der sich unter Bäumen versteckt hält: »Wo bist du?« Oder ist das Rhetorik? Aber die sollte es in der Bibel nicht geben.

Es sind Bilder von einer staunenswerten Intensität, und sie haben eine große Unmittelbarkeit und einen Überfluss an Bedeutung. Sie sind in ihrem Anspruch der Offenbarung göttlicher Wahrheit uns gegenüber ganz direkt. Wenn man allerdings zu fragen beginnt, wenn man nach der Kausalität fragt, Widersprüche benennt, kommen sie in das Säurebad des Zweifels.

Kausalität, Widerspruchslosigkeit sind für uns die bestimmende Form der Sinngebung, es ist der Versuch, die Welt eindeutig werden zu lassen. Die Frage, wie das eine aus dem anderen nach dem Prinzip Ursache und Wirkung logisch hervorgeht, ist übrigens keine so selbstverständlich transkulturelle, allgemein menschliche, wie es scheint, sondern eine spezifisch abendländische Frage, die in die Tradition der Aufklärung einging und sich ihrer rechnenden und durch Wiederholung überprüfbaren Methode verpflichtete. Eine Methode, die Wunder und Zauberei ausschließt. Der Ethnologe Evans-Pritchard hat am Beispiel der afrikanischen Ethnie der Zande untersucht, wie eine natürliche Kausalität höchst gering geschätzt und die Ereignisse durch eine mystische Weltsicht gedeutet werden können: durch Hexerei. Ein Mann bricht sich im Wald den Fuß. Natürlich liegen Äste herum, und natürlich muss man aufpassen, das wissen auch die Zande, nur in diesem Moment, wo er das nicht tut, ist er verhext. Bei uns gibt es ja auch noch solche Reste des magischen Denkens: Es war wie verhext. Magisch ist das Denken auch in radikal psychosomatischen Erklärungsmodellen. Nicht der Ast, nicht die eigene Schusseligkeit ist im Fokus der Wahrnehmung, sondern ein spiritueller Eingriff. Damit ändert sich selbstverständlich auch der Begründungszusammenhang des Erzählens.

Wir wollen noch einmal zum Anfang zurückkehren. »Im anfang war das wort«, heißt es in der Schrift, die dem Evangelisten Johannes zugeschrieben wird, »und das wort war bey GOTT, und GOTT war das wort. Dasselbige war im anfang bey GOTT. Alle dinge sind durch dasselbige gemacht, und ohne dasselbige ist nichts gemacht, was gemacht ist. In ihm war das leben, und das leben war das licht der menschen. Und das licht scheinet in der finsternis, und die finsternis habens nicht begriffen.«

Dieser wunderbare Anfang verändert den Anfang von den anschaulichen Szenen und Geschichten des Alten Testaments ganz in das Geistige. Wie in einer mathematischen Gleichung werden Gott und das Wort gleichgesetzt. »Und das wort ward fleisch«, heißt es weiter, »und wohnete unter uns, und wir sahen seine herrlichkeit; eine herrlichkeit, als des eingeborenen Sohns vom Vater, voller gnade und wahrheit.« Ein philosophischer Anfang, der die dann recht realistisch erzählten Wunder beglaubigen soll. Eine Chronik des Lebens und Sterbens Jesu, dessen Wahrheit uns durch die Gnade von Gottes Wort zuteilwird.

Ein so ganz anderer, wenn man so will, weit durchgearbeiteter Anfang als der des Kollegen, der die ältere Schöpfungsgeschichte, das Paradies und den Sündenfall zu verantworten hat. Hier schimmert deutlich das mündliche Erzählen durch, ein Erzählen, das sich durch Brüche, Widersprüche, nachgetragene Begradigung und Korrektur auszeichnet. Es wird auch darüber berichtet, wie der Herr des Gartens seine Schöpfung korrigiert, verbessert und ergänzt.

So heißt es – in der Luther-Übersetzung –: »Und GOTT schuf den menschen zu seinem bilde, zum bilde GOTTES schuf er ihn; und er schuf sie als männlein und fräulein. Und GOTT segnete sie, und sprach zu ihnen: Seyd fruchtbar und mehret euch, und füllet die erde, und machet sie euch unterthan.«

Diese zweite Erschaffung des Menschen wird durch ein Ungefähres: »zu der zeit, da GOTT und der HERR erde und himmel machte«, an die sechs Schöpfungstage geflickt.

Das soll kein literaturkritisches Herumkritteln an der Bibel sein, deren Lektüre mich durch mein Leben begleitet hat. Ich möchte nur strukturell zeigen, wie schwer der Anfang ist – erst recht der Anfang aller Anfänge –, wie Brüche entstehen, die dann durch den Glauben gekittet werden müssen. Die Bereitschaft zum Glauben, zur Offenheit, muss die Lektüre begleiten, wie auch der Leser weltlicher Literatur den guten Willen haben muss zuzulassen, dass die Fiktion Realität wird, im Bewusstsein des Lesenden Gestalt annimmt. Etwas von Hexerei steckt immer noch darin.

Für die Bibel, für das Alte wie das Neue Testament, auch wenn sie von der modernen Theologie nur noch als gleichnishaft verstanden werden, gilt, dass sie Wahrheit beanspruchen, eine Wahrheit, die das Wort durch Gottes Gnade bekommen hat. Er hat gesprochen, er hat durch andere, durch die Zeugen, die Schreibenden, sprechen lassen. Das Wort gilt buchstäblich als wahr, sodass Schreibfehler in mittelalterlichen liturgischen Texten es in seiner Wirkung entwertet haben. Das Wort war dann nicht mehr heilig, sondern nur noch profan. In einer der karolingischen Kapitularien wird darauf hingewiesen, dass die Gläubigen zu Gott beten, aber die Wörter, die Sätze oft auf Grund fehlerhafter Überlieferung falsch geschrieben seien. Können fehlerhafte Gebete der Liturgie erhört werden? Nein. Das heilige Wort muss das genaue, das rechte Wort sein. Und hier stellt sich auch, wenn ich den Vergleich ins Profane erweitern darf, erneut die Frage für den Schriftsteller: Welches ist das rechte, das wahre Wort? Und wie und wann kann er von dem Geschriebenen, seinem Werk sagen: Es ist gut?

Ein anderer Anfang, ein erster, alles in Gang setzender Satz eines von mir bewunderten Romans lautet so: »Eduard – so nennen wir einen reichen Baron im besten Mannesalter – Eduard hatte in seiner Baumschule die schönste Stunde eines Aprilnachmittags zugebracht, um frisch erhaltene Pfropfreiser auf junge Stämme zu bringen.«

Ein Anfang, der mich an die Genesis erinnert. Der Autor gibt seinem Geschöpf einen Namen, kreiert es damit und setzt es in einen Garten. Die Namensgebung ist ein Herrschaftsakt. Der Name, den wir uns nicht aussuchen können, verleiht unserem sozialen Körper, unabhängig von charakterlichen und biologischen Eigenschaften, die Unverwechselbarkeit und weist ihm eine bestimmte Stelle in der Gesellschaft zu. Mit diesem auktorialen Gestus wird denn auch der gesellschaftliche Stand festgelegt: Baron und zugleich vermögend, reich, heißt es. Zum sozialen Stand gehört auch diese Tätigkeit im Garten, das Aufpfropfen. Was Eduard, der Baron, macht, ist keine Arbeit, sondern – wir denken nicht zu Unrecht an das Paradies und dessen Herrn – *Pleasure*. Ganz erstaunlich, was in diesem ersten Satz alles an Informationen vermittelt wird, welcher Erwartungshorizont sich beim Leser öffnet. Zugleich wird auf die fiktionale Schöpfung hingewiesen – selbstreferenziell wäre der gängige Begriff –, denn mit dem Personalpronomen des Erzählers: »Eduard, so nennen wir einen reichen Baron« – spricht ein Pluralis Majestatis, der, und das ist das Raffinierte, zugleich in einen Pluralis Auctoris und Modestiae hineinspielt.

So beginnt ein Schöpfungsakt, der sich selbst thematisiert. Wir wissen auch, dass der Herr des Gartens nach der Formung des Geschöpfs, dieses Adam = Mensch nannte, weil er es vom Lehm, von der Ackererde (adama) genommen hatte. Die zuvor geschaffenen Tiere, die Vögel in der Luft, das Vieh auf dem Felde, brachte er zu dem Menschen, damit der ihnen einen Namen gebe, womit dessen Herrschaft über die Tierwelt begründet wurde. Übrigens, für die Genderstudies interessant, nicht der Herr des Gartens gab seiner Rippenschöpfung den Namen Eva, sondern der Mensch, Adam.

Die Konstellation in »Die Wahlverwandtschaften« ist bekannt, das Ehepaar Eduard und Charlotte trifft auf einen Mann, von dem wir nur den Vornamen Otto, aber ansonsten bezeichnenderweise nur die Berufsbezeichnung erfahren. Er ist Offizier, der Hauptmann, später Major, hinzu kommt noch eine junge Frau, fast noch ein Mädchen, namens Ottilie. Ein mit sich zufriedenes Ehepaar wird durch zwei hinzukommende Personen aus seiner etwas arg stillen Harmonie vertrieben, und es beginnt der Wirrwarr der Gefühle, der Leidenschaften, des Wollens und doch nicht Könnens zwischen dem Anspruch auf hohe Sittlichkeit und dem dunklen Trieb, der mit Macht den einen zum anderen drängt.

Das erinnert an manche Woody-Allen-Filme, die ja eben das zeigen, wie die Triebe, die ein bärtiges Über-Ich zu zügeln versucht, sich ihren Weg bahnen gegen alle Konvention und gegen bestes Wissen und Gewissen. Das führt bei Woody Allen in einem flapsig melancholischen Ton zu einem Halb-Happy End. Auch die »Wahlverwandtschaften« bieten am Schluss zwei glückliche Tote. Wobei das tragische Problem eines Paares, das, trotz anderer Neigungen, an der Unverbrüchlichkeit der Ehe festhält und darüber ins Unglück stürzt, sich heute, bei einer Scheidungsrate von 34 %, wie ein mentalgeschichtliches Dokument aus fernen Zeiten liest. Selbstverständlich geht es Goethe nicht um die Darstellung des grauen Ehe-Alltags. Es sei hier aus dem tiefgründigen Essay von Walter

Benjamin »Goethes Wahlverwandtschaften« zitiert: »Das Mythische ist der Sachgehalt dieses Buches; als ein mythisches Schattenspiel in Kostümen des Goethischen Zeitalters erscheint sein Inhalt.« Benjamins Essay setzt sich gerade von den zahlreichen damaligen Interpreten ab, die den Roman mit den Begriffen der sittlichen Überwindung, der ideellen Transparenz, der tragischen Läuterung und zivilisierten Selbstzucht regelrecht zugegipst haben. Eine Deutungsarbeit, der Thomas Mann in seinem Aufsatz über den Roman noch ein »leuchtendes Zeichen der Möglichkeit deutscher Vollendung« hinzugefügt hat.

Zurück zu meiner Lektüre. Ich fand, dass es neben der schmerzlichen Konstellation – des geneigten Sichfindens, aber nicht Zueinanderdürfens – in dem Roman auch ironische Stellen gibt. So lese ich die langatmigen, umständlich trockenen Ausführungen über die richtige Erziehung junger Menschen, die der Gehülfe des Mädchenpensionats macht, als Anspielung auf Schiller und seine Erziehung des Menschengeschlechts. Bei aller Hochachtung, die Goethe diesem Freund entgegenbrachte, denke ich, muss ihm dessen berserkerhafter Fleiß doch wohl auf die Nerven gegangen sein. So wie Schiller übrigens sich über Goethe beklagte, der zu ihm kam, herumsaß und ihn von der Arbeit abhielt. Die Untätigkeit dessen, der das Tätige so lobte, als Faulheit gesehen, allerdings unter dem Blickwinkel eines manischen Arbeiters.

Aber zurück zum Anfang. Und das heißt immer

auch, über die Schwierigkeiten beim Anfang zu reden. Wenn schon der Allmächtige seine Schöpfung nicht fehlerfrei hinbekam, so darf auch an Goethen ein wenig gekrittelt werden. Nach diesem so erstaunlichen ersten Satz, der alles bündelt, treffen sich Eduard und seine Frau Charlotte an der im Park gelegenen Mooshütte, und Eduard schlägt vor, seinen Freund, den Hauptmann, der ohne Stellung ist, einzuladen. Charlotte bringt ihre Bedenken vor, ahnungsvoll, und sie sind, wie wir wissen, berechtigt. Dann liefert Goethe in der wörtlichen Rede und in einem langen additiven, durch viele Kommata und durch eine Flut von Semikolons getrennten Satz, die Geschichte der beiden: »Mag ich doch so gern unserer frühsten Verhältnisse gedenken! Wir liebten einander als junge Leute recht herzlich; wir wurden getrennt; du von mir, weil dein Vater, aus nie zu sättigender Begierde des Besitzes, dich mit einer ziemlich älteren, reichen Frau verband; ich von dir, weil ich, ohne sonderliche Aussichten, einem wohlhabenden, nicht geliebten, aber geehrten Manne meine Hand reichen mußte. Wir wurden wieder frei; du früher, indem dich dein Mütterchen im Besitz eines großen Vermögens ließ; ich später, eben zu der Zeit, da du von Reisen zurückkamst. So fanden wir uns wieder. Wir freuten uns der Erinnerung, wir liebten die Erinnerung, wir konnten ungestört zusammenleben. Du drangst auf eine Verbindung; ich willigte nicht gleich ein, denn da wir ungefähr von denselben Jahren sind, so bin ich als Frau wohl älter geworden, du nicht als Mann.«

Das wäre glaubwürdig nur gesagt zu jemandem, der an Gedächtnisschwund leidet. Da Eduard viele Fehler hat, aber nicht den, ist das zu uns, den Lesern gesprochen. Oder es ist eine Zusammenfassung, ein kleines Exposé, um die Personengeschichte dem Schreiber selbst, in diesem Fall dem diktierenden Goethe, *in nuce* vor Augen zu halten. Ein Konstruktionsrest, der wie der Steg bei einer gemeißelten Statue stehengeblieben ist und nicht nach deren Vollendung, wie üblich, weggeschlagen wurde.

Diese inhaltliche Zusammenfassung dessen, was der Geschichte vorangegangen, also vor dem Erzählanfang war, zeigt etwas von der jovial auktorialen Distanz, die der Erzähler zu seinem Stoff und seinen Figuren hält. Der Schöpfer tritt gleichsam zurück, als hätte er die Personen einfach ausgesetzt, um sie nun frei laufen zu lassen. Diese Handelnden, Irrenden, Liebenden werden nicht bewertet. Und doch gibt es so etwas wie einen Heilsplan. Mit vielen Motiven, Andeutungen, Gleichnissen treibt der Roman auf das Ende zu, auf das Entsagen hin. Das Sittliche, die gesellschaftliche Norm, wird gegen die spontane, Ordnung störende und zerstörende Leidenschaft gesetzt. Das ist die Botschaft. Die Schöpfung des Anfangs: Eduard und Charlotte in dem Garten, den sie betreiben, nicht aus wirtschaftlichen Gründen, sondern *for pleasure*, geordnet und gepflegt, sie werden durch ihre Leidenschaft, sagen wir ruhig, durch Sünde daraus vertrieben. Die gelebte Leidenschaft führt in die Wildnis. Die Ordnung wird aufgebrochen, allerdings werden dadurch auch erst die Handlung und die erstaunliche Dramatik entfaltet, die alle Beteiligten schuldig werden lässt, ihnen zugleich aber die Erfahrung ihrer selbst schenkt. Goethe nennt es den Konflikt zwischen dem Gesetzlichen und dem Ungebändigten. Es ist eine frühe Einsicht in die menschliche Triebstruktur und die Notwendigkeit eines Triebverzichts, um ein sittliches Zusammenleben zu gewährleisten. Rücksichtnahme nicht nur auf den Anderen, den Nächsten, sondern vorbildhaftes, verbindliches Verhalten im Sinne des Kant'schen Diktums: »Handle nur nach derjenigen Maxime, durch die du zugleich wollen kannst, dass sie ein allgemeines Gesetz werde.« Die Problematisierung dieses Imperativs, der in der Wirklichkeit zu einem Widerspruch führen kann, nämlich bei seiner Befolgung ins Unglück, macht die Bedeutung dieses Romans aus. Mit dem Verzicht, in der Entsagung liegt stets ein Verlust an erfülltem Leben, ein Verlust von Glück, das als Maxime doch nicht allgemeines Gesetz werden kann. Ein nicht auflösbarer Konflikt herrscht in der Schöpfung des geordneten Zusammenlebens. Diese Schöpfung des Sittlichen, wir würden heute sagen: des Sozialen, durchzieht als bestimmendes Motiv die Handlung des Romans. Wie man miteinander lebt, was man tut und wie gearbeitet wird, wie die Natur umgewandelt wird, zum Vergnügen, aber, und das wäre das Realitätsprinzip, auch durch die Projekte, die der Hauptmann konzipiert und durchführen lässt und die einen ökonomischen Zweck verfolgen. Macht euch die Erde untertan. Es ist ein harmonisches Miteinander, wären nicht die Neigungen der beiden Paare, die sich auf den jeweils anderen Partner richten, so ausgeprägt, dass Eduard und Ottilie sogar komplementäre Kopfschmerzen haben. Es kommt, wozu es kommen muss, zum Sündenfall, und das ausgerechnet, im Wortsinn, in der durch die Ehe legitimierten gemeinsamen Nacht von Charlotte und Eduard. »Eduard hielt nur Ottilien in seinen Armen, Charlotten schwebte der Hauptmann näher oder ferner vor der Seele, und so verwebten, wundersam genug, sich Abwesendes und Gegenwärtiges reizend und wonnevoll durcheinander.«

Aus dieser imaginären *menage à quatre* geht ein Kind hervor, Otto, das in diesem, an Symbolischem reichen Roman, von beiden Männern den Namen bekommen hat, ein Palindrom, Otto heißt der Hauptmann und auch Eduard heißt mit zweitem Vornamen Otto. »... dies Kind ist aus einem doppelten Ehebruch erzeugt!«

Auf den Sündenfall folgt die Vertreibung aus dem Paradies, kommt Tod in diese Schöpfung. Der allwissende Erzähler, Goethe, lässt zur Strafe, und erzähltechnisch recht gewaltsam, das Kind im späteren Handlungsverlauf ertrinken.

Uwe Johnson hat in seinen Frankfurter Vorlesungen

mit dem Titel »Begleitumstände« diese entscheidende Szene, in der das Kind ertrinkt, herausgegriffen, um deren Erzählform zu untersuchen. Ironisch hat Johnson die nautischen Kenntnisse Goethes parodiert. In den Wahlverwandtschaften heißt es: »Sie springt in den Kahn, ergreift das Ruder und stößt ab. Sie muss Gewalt brauchen, sie wiederholt den Stoß, der Kahn schwankt und gleitet eine Strecke seewärts. Auf dem linken Arme das Kind, in der linken Hand das Buch, in der rechten das Ruder, schwankt auch sie und fällt in den Kahn. Das Ruder entfährt ihr nach der einen Seite und, wie sie sich erhalten will, Kind und Buch nach der anderen, alles ins Wasser.«

Sie werden herausgehört haben, woran sich der ostseenahe Pommer Uwe Johnson gestört hat. In dem Kahn liegt, seiner Meinung nach, nur ein Ruder. Es müsste heißen: Sie ergreift ein Ruder oder eines der Ruder. Denn zum Rudern eines Kahns gehören nun einmal zwei Ruder. Das wird von Uwe Johnson sehr witzig ausgeführt, die Frage, wo das andere Ruder geblieben sein könnte, und wie ein Kahn mit nur einem Ruder fortzubewegen wäre, nämlich nur im Kreis. Der gutwillige Leser jedoch gibt, wie der Gläubige der Bibel, dem Text einen Kredit, synthetisiert, es müssen zwei Ruder sein, und erwartet nicht die übergenaue Erwähnung des zweiten. Es ist eines dieser kleinen Muttermale, die ein Text, die Literatur haben kann, vielleicht sogar haben muss, denn ganz fehlerfrei im Sinne der Sprachlogik könnte nur ein von einem avancierten Computer geschriebener Text sein – und entsprechend steril wäre er und langweilig. Es sind die kleinen Macken, die einem auch bei guten Filmen auffallen, falsche Umschnitte, oder wenn ein Mikrofon in eine Szene hineinhängt, die dem Film dennoch nichts von seiner ästhetischen Qualität nehmen.

Diese als Unfall getarnte alttestamentarische Strafe, der Tod des Kindes, nimmt Ottilie für sich als Menetekel, sie hungert sich in den Tod. In einem glasbedeckten Sarg liegend, wird ihr von der Dorfbevölkerung eine regelrechte Heiligenverehrung zuteil. Sie wird zu einer zivilen Heiligen. Viel ist von der Schöpfungs- und Erlösungsgeschichte des Neuen und Alten Testaments in diesen Roman eingegangen. Goethe hat die biblische Geschichte in eine gesellschaftliche Sittengeschichte umgeschrieben. Die sittlich-soziale Idee erscheint als Offenbarung von geradezu religiöser Bedeutung. Die Kuppel der kleinen Kapelle wird noch zu Lebzeiten Ottiliens von einem jungen Architekten mit Engeln ausgemalt, deren einer ihr ähnelt.

Derart knapp zusammengefasst, wirkt das recht aufgesetzt, symbolisch überfrachtet, tatsächlich aber wird alles langsam und höchst raffiniert durch die Schilderung alltäglicher Ereignisse vorbereitet. Erst allmählich werden all die Motive und die Handlungsstränge miteinander verzwirnt, die diesen Schöpfungsplan zu dem letzten, Heil versprechenden Satz führen: »So ruhen die Liebenden nebeneinander. Friede schwebt über ihrer Stätte, heitere, verwandte

Engelsbilder schauen vom Gewölbe auf sie herab, und welch ein freundlicher Augenblick wird es sein, wenn sie dereinst wieder zusammen erwachen.«

Ob es ein Erwachen, wie es uns das Neue Testament verspricht, gibt, wissen wir nicht, ich glaube es nicht, aber es gibt dieses Erwachen immer wieder neu bei der Lektüre des Romans, und jedes Mal wieder das Staunen über dessen Reichtum.

»Die seltsamen Ereignisse, die Gegenstand dieser Chronik sind, haben sich 194' in Oran zugetragen.«

So beginnt der Roman »Die Pest« von Albert Camus. Ein geradezu klassischer Anfang, der für sich selbst die literarische Gattung nennt, die Chronik. Auch das ist Fiktion, auf ein Geschehen verweisend, das es so nicht gegeben hat: Die Geschichte der Pest in der algerischen Stadt Oran, die infolge der Epidemie mehrere Monate von der Außenwelt abgeriegelt wurde. Das wird in der Tradition der Chronik, also chronologisch erzählt, ästhetisch jedoch höchst raffiniert gebrochen, da der erste Satz ja den Anspruch auf ein tatsächliches Geschehen erhebt, dieses aber durch ein Auslassungszeichen wieder ins Fiktionale verschiebt. 194', im Französischen ist es ein Punkt, 194. heißt es, ein Zeitpunkt – der Roman ist 1947 erschienen –, der durch die Wirklichkeit noch hätte eingeholt werden können. Andererseits ist das Datum nah an die unmittelbare Vergangenheit gerückt, die Besetzung des größten Teils Frankreichs 1940 durch die Deutschen und damit verbunden den Ausnahmezustand. »Die Pest« ist nicht wie George Orwells »1984« ein Zukunftsroman, sondern eher ein Zeitroman. Es sind erkennbar die 40er-Jahre des 20. Jahrhunderts, die Camus beschreibt, das Stadtleben, in dem, wenig beachtet, die Vorboten der Seuche auftauchen: zunächst einzelne, dann immer mehr Ratten, die ohne Scheu ans Tageslicht kommen und in den Häusern und Straßen krepieren. Die Krankheitssymptome werden als nicht eindeutig beschrieben. Die ersten Toten werden noch nicht als Opfer der Pest erkannt, man hofft – eine kollektive Verdrängung –, es seien Einzelfälle, das Virus sei nicht typisch, Proben gehen nach Paris, man hofft, man verdrängt, man schiebt Maßnahmen zur Isolation auf – und dann bricht die Seuche aus, es gibt Hunderte von Toten, überfüllte Krankenhäuser, Massengräber müssen ausgehoben werden, die Stadt wird durch das Militär abgeriegelt, der Ausnahmezustand verhängt.

Camus lässt seinen Chronisten erzählen, wie sich die Bewohner angesichts dieser Drohung von Ansteckung, Krankheit, Tod und der restriktiven bürokratischen Erlasse verhalten, wie aus der Einschüchterung, der ängstlichen Anpassung, wie aus Verzweiflung und Angst bei einigen der Mut und die Entschlossenheit zum Widerstand wachsen, auch wenn dieser Widerstand aussichtslos ist. Sie arbeiten als freiwillige Krankenpfleger und Hilfskräfte, obwohl für sie die Ansteckungsgefahr damit erheblich steigt. Schon bei

Erscheinen des Romans wurde auf die Parallelen zur deutschen Okkupation in Frankreich (der Nazi-Pest) und zum Widerstand, der Résistance, deren Mitglied Camus war, hingewiesen. Auch im gewöhnlichen Alltag ist der Mensch von Tod und Krankheit bedroht, aber in einem erwartbaren, durch Alter und Zufall für den Einzelnen bestimmten Maß. Die Seuche hingegen ist maßlos. Sie richtet sich gegen die Gattung Mensch.

Der Kampf gegen den Tod, gegen die Erniedrigung und gegen die Unfreiheit ist für Camus der verbindende Sinn, der sich keinen metaphysischen Halt suchen muss. Die Welt ist zufällig, sie ist keine Schöpfung, auch davon erzählt der Roman. Das Dasein ist absurd. Wenn es Gott gäbe, bräuchte er keine Priester, sagt eine der Figuren. Der Mensch fragt, und die Welt schweigt. Und doch gibt es eine verpflichtende Moral, nach der zu handeln sich lohnt – und auch zu sterben: Die Verteidigung des Lebens gegen den Tod, der Kampf gegen Qual und Unfreiheit. Ich könnte Ihnen hier meine Dissertation empfehlen und Ihnen dazu sagen, dass ich zwei geschrieben habe, eine an Heidegger ausgerichtete, die ich in der Zeit der Politisierung 1968 weggeworfen habe, und eine zweite, die eben diese oben erwähnte gesellschaftliche Sinngebung in den Mittelpunkt stellte. Ein Aspekt ging dabei verloren, und den möchte ich hier nachtragen.

Mit dem ersten Satz von »Die Pest« klingt eine höchst kunstvolle Ästhetik des Romans an. »Die seltsamen Ereignisse, die Gegenstand dieser Chronik sind, haben sich 194' in Oran zugetragen.« Ein Spiel mit der Fiktionalität und der Wirklichkeit, einer möglichen Wirklichkeit, also wieder Fiktionalität, damit auch ein Spiel mit dem Erzählen und, wie wir noch sehen werden, ein Spiel mit dem Anfang, mit dem ersten Satz, der über das mitentscheidet, was und wie erzählt wird. Die Ereignisse werden durch einen Chronisten erzählt, der sich erst gegen Ende des Romans als die handelnde Hauptfigur offenbart, den Arzt Dr. Rieux. Der Chronist Rieux, also der Erzähler in der Er-Form, führt wiederum einen zweiten Chronisten ein, aus dessen Tagebuch zitiert wird. Zugleich werden die Berichte verschiedener anderer Personen wiedergegeben, die in die Handlung involviert sind. Ein multiperspektivisches Geflecht von Erzählungen, die immer wieder beglaubigt werden durch die Erwähnung, was einem erzählt worden sei, was man gehört habe, die Versicherung der Zeugenschaft, vor allem auch das Betonen, man wisse es nicht genau, der Hervorhebung, dass es bloße Vermutungen seien. Camus erreicht diese Dichte, diese erstaunliche Nähe, durch die genaue Beschreibung vieler Details und Situationen aus dem Alltag, der Cafés, der Kinos, der Straßenszenen, des Wetters, der Gerüche, vor allem der des fernen, nach der Abriegelung der Stadt nicht mehr zugänglichen Meeres. Ich zitiere aus der schönen Übersetzung von Uli Aumüller: »Die Stadt war nach diesen langen Monaten, in denen kein Wassertropfen sie erfrischt hatte, mit einem grauen Belag überzogen, der unter dem Druck des Windes abblätterte. So wirbelte er Staub- und Papierwolken auf, die gegen die Beine der seltener gewordenen Fußgänger peitschten. Man sah sie vorgebeugt, ein Taschentuch oder die Hand vor dem Mund, durch die Straßen hasten. Anstelle der Zusammenkünfte, mit denen man versucht hatte, diese Tage, von denen jeder der letzte sein konnte, soweit wie möglich zu verlängern, begegnete man kleinen Gruppen von Leuten, die nach Hause oder ins Café eilten, sodass einige Tage lang die Straßen in der Dämmerung, die um diese Zeit sehr viel früher hereinbrach, menschenleer waren und nur der Wind ununterbrochen klagte. Vom aufgewühlten und immer unsichtbaren Meer stieg ein Geruch von Algen und Salz auf. Diese verlassene, vom Staub gebleichte, von Meeresgerüchen getränkte, vom Heulen des Windes tönende Stadt stöhnte dann wie eine unselige Insel.«

Auch die Protagonisten sind differenziert, knapp und präzise in ihren Eigentümlichkeiten beschrieben, was jede Typisierung verhindert, obwohl sie für bestimmte weltanschauliche Haltungen stehen. Insbesondere die Hauptfigur, Dr. Rieux, verkörpert die Lebenshaltung der Revolte. Ein Mann, der nicht an Gott glaubt, der von der Endlichkeit des Daseins überzeugt ist, einem Dasein, das ohne Transzendenz ist. Der aber ganz selbstverständlich seine Pflicht als Arzt tut und darüber hinaus den Kampf gegen die

Seuche organisiert. Das wird ganz unpathetisch beschrieben, ein nüchterner, sachlicher Heroismus, dessen moralische Haltung von den Idealen der Französischen Revolution bestimmt ist: Freiheit, Gleichheit, Brüderlichkeit. Eine Schöpfung, die Menschen leiden lässt, ist keine gute Schöpfung, und dagegen, vor allem auch gegen das unnötige Leid, was Menschen den Menschen zufügen, gilt es zu revoltieren.

Man kann »Die Pest« wie einen Thesenroman lesen, nur kommen die Thesen ganz leise in die Handlung. Sie entspringen unspektakulären Situationen, erscheinen weder den Personen noch der Handlung aufgezwungen. Dazu trägt Reflexion auf das Schreiben, auf die Konstruktion, also auf die Schöpfung des Textes bei, die diesem gewichtigen Stoff im ästhetischen Spiel seine Leichtigkeit gibt. Das wird nicht allein mittels einer fiktionalen Brechung durch die beiden Chronisten erreicht, sondern durch die verschiedenen eigenwilligen, oft kauzigen Nebenfiguren, die wiederum von den Chronisten beschrieben werden. Camus führt den in der städtischen Verwaltung untergeordnet arbeitenden Angestellten Grand, der an einem Roman schreibt, in die Handlung ein. Grand ist aber nie über den ersten Satz hinausgekommen. Er schreibt diesen Satz um und um. Eine Arbeit wie die von Sisyphos: Er wälzt einen Stein den Berg hinauf, der, ist er oben angekommen, wieder hinunterrollt.

Dieser Satz, an dem Grand arbeitet, lautet: »An einem schönen Morgen im Mai ritt eine elegante Amazone auf einer herrlichen Fuchsstute durch die blühenden Alleen des Bois de Boulogne.« Camus spielt damit auf Paul Valérys Parodie eines Romananfangs an: »Um fünf Uhr ritt die Marquise aus.«

Es wäre leicht, diesen Grand satirisch zu beschreiben, ihn lächerlich zu machen, aber Camus nimmt ihn so ernst, wie er alle anderen Figuren ernst nimmt. Sie werden nie klein, sondern in der Beschreibung ihrer Motive groß gemacht. Diesem schreibenden Angestellten Grand verleiht Camus Würde durch dessen verzweifelt ernsthaftes Bemühen, den perfekten Satz zu schreiben, der den Anfang für den reinen, schönen Roman bilden soll. Grand sagt: »Das ist nur eine Annäherung. Wenn ich es geschafft habe, das Bild, das ich im Kopf habe, vollkommen wiederzugeben, wenn mein Satz genau das Tempo dieses Ausritts im Trab hat, eins-zwei-drei, eins-zwei-drei, wird das Übrige leichter, und vor allem wird die Illusion von Anfang an so stark sein, dass man sagen kann: Hut ab!

Aber bis dahin hatte er noch viel zu tun. Er wäre nie bereit, diesen Satz, so wie er war, einem Drucker zu überlassen. Denn trotz der Befriedigung, die er ihm manchmal verschaffte, war ihm klar, dass er noch nicht ganz und gar mit der Wirklichkeit übereinstimmte und dass er bis zu einem gewissen Grad eine Glätte im Ton aufwies, die eine, wenn auch ferne, Verwandtschaft mit einem Klischee hatte.«

Sie haben bemerkt, es ist eine kleine Poetologie, die Camus in die Handlung eingeschoben hat. Selbstverständlich kann die Literatur nicht mit der Wirklichkeit übereinstimmen, sie bildet eine eigene Wirklichkeit, eine sprachliche, die nur in einem bestimmten Maß eine Referenz zur Wirklichkeit besitzt. Und auch der Vorstellung der reinen, der perfekten Form, des *l'art pour l'art* steht Camus ablehnend gegenüber. Zwar muss Illusion geschaffen werden, aber doch so, dass der erste Satz, der Anfang, eine Intention hat, die sich auch auf den Leser überträgt. Der erste Satz von Grand ist das Gegenteil des ersten Satzes des Romans »Die Pest«, der eine Illusion schafft und reflektiert, zugleich die Erwartung auf die Ereignisse im Jahr 194' weckt.

Das Imperfekte des Satzes von Grand liegt darin, dass er als Satz schön sein soll, perfekt. Aber wir haben schon gesehen, die Schöpfung ist imperfekt und darum auch erzählbar. Sie hat ihre Muttermale von dem, was vor dem Anfang war. Diesem ersten Satz, diesem Anfang von Grands Roman fehlt die vorangegangene Energie, etwas, was zu dem Anfang drängt, was, um es physikalisch zu sagen, Masse werden soll. Der erste Satz ist leer. Und ich darf hier einfügen, dass ich oft bei zeitgenössischen Romanen keine Vorstellung, keine Ahnung habe, aus welchem Urknall heraus sie entstanden sind, welche Wut, Empörung, Verzweiflung, Schmerz der Auslöser für den Anfang, für den ersten Satz waren. So bleibt es denn, Ihnen wird es vielleicht ähnlich ergehen, bei einer bloßen Lektüre des Anfangs.

Lassen Sie mich zum Schluss, als Ende vom Anfang, noch sagen: Ein guter Anfang ist keine Garantie für einen guten Roman, und ein umständlicher, ja verkorkster Anfang muss nicht automatisch zu einem schlechten Roman führen. Das gilt auch für die Schöpfung. Ein in sich ruhender Gott, wie man ihn sich wohl vor dem Anfang, vor der Schöpfung vorstellen muss, ist ziemlich langweilig. Eine Schöpfung jedoch, die Schmerz, Misslingen, Tod, Qual mit sich bringt, ist empörend, auch dann, wenn wir sie uns als Nicht-Schöpfung denken, als Zufall, Ergebnis jenes Moments, als es vor ca. 13,7 Milliarden Jahren zwischen Materie und Antimaterie zu einer Asymmetrie kam. Die Empörung über das Unrecht, über Leid und Tod, gerade dort, wo diese vermeidbar wären, bleibt – wie auch der Schmerz darüber. Die Erfahrung des Mangels ist der tiefere Grund für all die Anfänge in der Musik und in der Literatur, in denen versucht wird, eine Gegenwirklichkeit zu schaffen. Etwas, was, noch in seinem tragischen Scheitern, ein Glücksversprechen in sich trägt.

»Im anfang war das wort«, heißt es im Evangelium des Johannes. Faust versucht diesen Satz anders zu übersetzen. »Im Anfang war die Tat.« Was aber war vor dem Anfang? Was hat die Tätigkeit ausgelöst? Gab es eine Idee? Was war das für ein Gebräu, dieser heiße Energiebrei des Anfangs, bevor er zu Materie wurde, zum Wort, Roman, Erzählung, Text, Buch? Befragen können wir die behandelten Autoren nicht mehr, aber das ist der Vorteil dieser Vorlesungen, dass Sie einen Blick auf den sonst am Schreibtisch sitzenden Autor, den unbewegten Beweger, werfen können. Wenn er denn Auskunft geben kann. Ich will es in der nächsten Vorlesung versuchen.

2.
Anstöße

Was ist der Anfang vom Anfang? Der Anfang ist gemacht. Es gibt den Anfang dann, wenn wir zur Tat schreiten. Insofern ist die Übersetzung, die Goethe seinen Faust für den Beginn des Johannes Evangeliums, »Im Anfang war das Wort«, finden lässt, ganz richtig: »Im Anfang war die Tat«. Aber auch dem Anfang zur Tat ist immer schon etwas vorausgegangen. Der Alltag zeichnet sich ja gerade dadurch aus, dass immer das eine aus dem anderen folgt. Ein Kausalkontinuum, auch wenn man sagt, jetzt fange ich an, eine neue Arbeit, oder höre mit dem Rauchen auf, es ist immer die Fortsetzung der begonnenen oder liegen gelassenen Arbeit, das Nichtmehrrauchen des Rauchers. Ein neuer Anfang steht oft für den Entschluss zu einer Trennung. Aber dem sind viele infinitesimale Schritte vorangegangen, sodass nie zu sagen ist, dort genau ist der Anfang.

Allenfalls wird das hervorgehoben, was das Bewusstsein als Entschluss zum Anfang bestimmt. Die Geburt, das mag man als Anfang bezeichnen, aber auch der ist umstritten, wie aus der Diskussion um die Abtreibung bekannt ist. Laurence Sterne hat das in seinem »Tristram Shandy« auf eine wunderbar ironische Weise thematisiert. Der Anfang dieses Romans, der nie aufhört, Anfang zu sein, denn das Buch endet sechs Jahre vor seinem Beginn, dieser Anfang lautet: »Ich wollte, mein Vater oder auch meine Mutter, oder eigentlich beide – denn es wäre wirklich beider Pflicht und Schuldigkeit gewesen – hätten sich ordentlich zu Gemüte geführt, was sie tun wollten, als sie mich zeugten.«

In der Literatur hingegen, im Roman, gibt es, anders als in der Realität, den einen faktischen Anfang, den ersten festgeschriebenen Satz. Im Schreibprozess muss nicht tatsächlich der erste Satz der erste sein, sondern er kann von dem Buchstaben-Demiurgen nachgetragen werden, verbessert, wird womöglich erst ganz zum Schluss geschrieben. Aber als erster Satz steht er, für uns Leser, da, ist gleichermaßen Wort und Tat. Darum dieser zugegeben kühne Vergleich mit der Schöpfung. Es gibt diesen Anfang der literarischen Kosmogonien auch dann, wenn der Autor permutabel ein Wort wählt oder auch nur drei Pünktchen setzt, was andeutet, dass es um ein Kontinuum geht, wie in der ganz beiläufigen Situation, mit der die Novelle »Katz und Maus« von Günter Grass anfängt. »… und einmal, als Mahlke schon schwimmen konnte, lagen wir neben dem Schlagballfeld im Gras.«

Oder der Anfang von Arno Schmidts »Brands Haide«, darin die erste Erzählung »Blakenhof oder die Überlebenden«, die so beginnt: »21. 3. 1946: auf britischem Klopapier.«

Ein Anfang, der beides umreißt: Zeit und Zeitumstände. Knapper ist das kaum zu formulieren, zugleich stimmt es auf diesen besonderen Ton ein, trockene Komik, Alltagssprache, die gebrochen, befragt wird, aus der heraus auch über Sprache und Bewusstsein nachgedacht wird, ohne dass sie zum theoretischen Sprechen mutiert.

Wobei gesagt werden muss, dass nicht aus dem Anfang die Idee entspringt, sondern die Idee aus dem eigentümlichen Gebräu vor dem Anfang sich herausbildet. Darum kann der Anfang umgeschrieben werden, nicht nur weil die Sprache funktional eingesetzt wird, sondern weil auch aus der Sprache selbst sich die Idee bildet. Denn das, was die Vorstellung war, dieses Energiegebräu, bildet sich erst langsam durch Reflexion zu einer Struktur. Der Anfang als ein tastendes Suchen, auch Versuchen. Durchaus vergleichbar dem, was Kleist in seinem Aufsatz »Über die allmähliche Verfertigung der Gedanken beim Reden« entwickelt hat. So muss sich beim Roman der Ton erst finden, der klingt, der richtig klingt, Einklang schafft, wie auch viele Kosmogonien von der Vorstellung einer Harmonie des Ganzen und seiner Teile geleitet sind, aus der sich Sinn zuspricht. Auch in der Genesis war ja ein neuer Anlauf nötig, der dem älteren Anfang vorangestellt wurde.

Auf meinem Schreibtisch liegt ein kleiner silberner Stab, über dessen Funktion Besucher rätseln. Denn schiebt man einen schmalen Ring nach vorn, fährt der

Stachel eines Hystrix, eines Stachelschweins, heraus. Dieses zierliche Gerät spielt am Anfang von »Der Mann auf dem Hochrad« eine Rolle, obwohl es nicht für den Anfang des Schreibens stand. Es lag da, und ich dachte dabei auch an den Zauberstab des Prospero aus »Der Sturm«. Man darf mit den Motiven der Großen ja spielen, wobei das »Man« den Autor meint, der ich bin. Der kleine Stab ist kein Zauberstab, sondern ein Zahnstocher, und er steht am Anfang der Geschichte, die der Autor »Legende« genannt hat und die von allen seinen epischen Arbeiten die in der kürzesten Zeit geschriebene ist. Was war der »Urknall«, der zu dieser Legende führte? Der Autor arbeitete an einem ganz anderen Roman, einem Roman, der in Lateinamerika spielte und die Geschichte eines Bauingenieurs erzählte, der mit seinem Projekt, dem Bau einer Papierfabrik, gescheitert war. Dem liegt ein Erlebnis des Autors zugrunde, der auf einer Reise in Argentinien einen Ingenieur getroffen hatte, dem ein Neubau in einem sumpfigen Gelände versank. Das Baugelände war zwecks Bodenspekulation und durch Korruption mittels gefälschter Bodenproben vertauscht worden. Es war die Zeit der Militärdiktatur von General Videla. Oppositionelle, Gewerkschafter, aber auch nur der Opposition Verdächtigte verschwanden, sie wurden umgebracht.

Nicht allein die Empörung über diesen von der amerikanischen Exekutive geförderten, von der deutschen Regierung hingenommenen Terror war der

Treibsatz für diesen Roman, der später unter dem Titel »Schlangenbaum« erscheinen sollte. Für die Empörung wäre ein Artikel in einer Zeitschrift der rechte Ort gewesen. Was den Autor, mich, damals umtrieb, war jedoch die weitergehende Frage, ob und wie das, was frischfröhlich Fortschritt genannt wurde und auch fester Bestandteil der Marx'schen Theorie war, überhaupt noch sinnvoll ist. Eine Krise auch in der von der Marx'schen Theorie geprägten Diskussion, wie die menschliche Geschichte, die ökonomischen, technisch-wissenschaftlichen Entwicklungen bewusst gestaltet werden können, und zwar anders als durch die chaotische, allein am Profit orientierte kapitalistische Produktionsweise. Noch existierten die sozialistischen Länder, deren Probleme jedoch, die wirtschaftlichen wie die gesellschaftlichen, waren unübersehbar. Der Anspruch, eine Gesellschaft zu schaffen, die ein Mehr an Freiheit und Gleichheit bieten sollte, war durch ideologische Gängelung, fehlende Rechtsstaatlichkeit, gewaltsame Unterdrückung und Bespitzelung pervertiert worden. Fehlende Pressefreiheit, keine freien Wahlen, Mangelwirtschaft ließen das Modell des realen Sozialismus als das erscheinen, was es war – hoffnungslos. Und dann flog auch noch einer der Atomreaktoren, die durch die volksdemokratische Kontrolle in höchstem Maße sicher sein sollten, in Tschernobyl in die Luft. Eine Verständniskrise des Autors, der sich damals ein Zitat aus Walter Benjamins »Über den Begriff der

Geschichte« herausschrieb und auf den Schreibtisch legte: »Es gibt ein Bild von Klee, das Angelus Novus heißt. Ein Engel ist darauf dargestellt, der aussieht, als wäre er im Begriff, sich von etwas zu entfernen, worauf er starrt. Seine Augen sind aufgerissen, sein Mund steht offen und seine Flügel sind ausgespannt. Der Engel der Geschichte muss so aussehen. Er hat das Antlitz der Vergangenheit zugewendet. Wo eine Kette von Begebenheiten vor uns erscheint, da sieht er eine einzige Katastrophe, die unablässig Trümmer auf Trümmer häuft und sie ihm vor die Füße schleudert. Er möchte wohl verweilen, die Toten wecken und das Zerschlagene zusammenfügen. Aber ein Sturm weht vom Paradies her, der sich in seinen Flügeln verfangen hat und so stark ist, dass der Engel sie nicht mehr schließen kann. Dieser Sturm treibt ihn unaufhaltsam in die Zukunft, der er den Rücken kehrt, während der Trümmerhaufen vor ihm zum Himmel wächst. Das, was wir den Fortschritt nennen, ist dieser Sturm.«

Wie dieser deutsche Ingenieur mit seinem Neubau, so war auch der Autor mit seiner politischen Theorie gescheitert. Er saß fest, es war nicht gerade ein Schreibblock, aber der Fortgang der sich schon dem Ende nähernden Geschichte seines Romans stieß auf Hemmnisse, die sich nicht beseitigen lassen wollten. Der Autor, damals am Ammersee wohnend, lief durch Wald und Wiesen, saß am Schreibtisch, trank Kaffee und Tee, aber es wollte sich keine Lösung des Problems für den Fortgang der Romanhandlung einstellen. Und vor allem: Er dachte, woran er nicht denken durfte, er dachte über das Ende des Romans nach. Wir werden darauf noch in der letzten Vorlesung zu sprechen kommen. Zweifel an dem Romanprojekt kamen auf, Zweifel an der Komposition, und das alles in diesem ja schon recht fortgeschrittenen Stadium der Arbeit. Damals kam die Mutter des Autors zu Besuch, und bei einer abendlichen Unterhaltung wurde von ihr ein schon vor Jahrzehnten verstorbener Großonkel in Coburg erwähnt. Er habe, behauptete die Mutter, im letzten Jahrhundert in Coburg das Hochradfahren eingeführt. Ein Präparator und begeisterter Fahrradpionier. Auch sei er bei dem regierenden Herzog Fahrradlehrer gewesen.

Der Onkel, den der Autor als Junge noch erlebt, an den er aber jahrelang nicht mehr gedacht hatte, machte sich im Kopf, der mit einem Bauingenieur im südamerikanischen Regenwald beschäftigt war, regelrecht breit. Onkel Franz begann in dem Gedächtniskoffer zu rappeln, lenkte von dem Schicksal, von der Sprache des Ingenieurs ab, verdrängte ihn langsam.

1943 in Hamburg ausgebombt, wurde die Familie des Autors nach Coburg evakuiert, einer kleinen Stadt, bis 1918 Residenzstadt des Herzogtums Sachsen-Coburg-Gotha. Für das Kind war es ein bemerkenswerter Ortswechsel, und es blieben sehr deutliche Erinnerungen: Aus dem in Trümmern liegenden Hamburg in die kleine Stadt mit ihren unzerstörten Häusern zu kommen; die ungewöhnliche, nicht immer verständliche Sprache, dieses harte Fränkische; die Umpolung des Kindes vom **er** zum **sie**; da den Kindern der Vorname Uwe nicht geläufig war – im Norden gerade in Mode, hier in Oberfranken unbekannt –, wurde die Mutter gefragt: kommt **die** Uwe raus.

Das Haus des Großonkels, schon vor dem Dreißigjährigen Krieg erbaut, war verwinkelt, mit einem runden tiefen Stollenkeller. Das Kind konnte sich in Ecken und Winkeln des Hauses verstecken, die den Erwachsenen unzugänglich blieben. Es hörte ihr Tappen und hilfloses Rufen. Finden konnten sie es nicht. Ein für das Kind märchenhaftes Haus. Der Onkel, genau genommen Großonkel, hatte es mit Hypotheken gekauft und nach ein paar Jahren eine der mit Lehm beworfenen Zimmerwände aus Weidengeflecht einreißen lassen. In dem Schutt fand sich ein versteinerter Ledersack mit dreißig Goldmünzen. Den hatte, so wurde vermutet, ein früherer Besitzer, wahrscheinlich während des Dreißigjährigen Krieges, eingemauert. Später muss er bei der Eroberung der Stadt durch Wallenstein umgekommen sein. Jetzt hatte sich das Haus – es war die Zeit der Inflation – dem Onkel selbst geschenkt. Dieser Onkel ging einer merkwürdigen Tätigkeit nach. Das Kind beobachtete, wie tote Hunde, Füchse und Vögel gebracht wurden, die nach einigen Tagen verwandelt aus seiner Werkstatt herauskamen, der Bussard saß auf einem Ast, kurz vor dem Abflug, blieb dort aber mit entfalteten Flügeln sitzen. Und der tote Mops hockte auf seinen Hinterbeinen und hielt den Kopf aufmerksam schräg nach oben gerichtet, als wolle er gleich das Pfötchen geben. Er saß, ohne sich zu rühren, tot und doch nicht tot. Mops und doch nicht mehr Mops. Ähnlich und, da unbewegt, ganz unähnlich. Sie sehen, das Kind wurde früh mit dem Realismusproblem konfrontiert.

All das, was dort unter dem Dach geschah, das Wohnen, Arbeiten, aber auch das Gefühl des Geduldetseins der Ausgebombten, Heimatlosen, das sich auf das Kind übertrug, sorgte für die erste Empfindung von Fremde, vom Fremdsein, noch verstärkt durch den schwer verständlichen fränkischen Dialekt. Eine staunenswerte fremde Welt. Dieser Onkel Franz war nicht nur Präparator, sondern auch ein fanatischer Fahrradpionier – woran mich meine Mutter vierzig Jahre später erinnern sollte. Ein Glied des kleinen Fingers fehlte ihm, abgetrennt bei dem Selbsterlernen des Hochradfahrens. Ein Märtyrer des Fortschritts. Und ein Mann von kolossalem Eigensinn. Er wollte später um keinen Preis auf das bald aufkommende, praktische Niederrad umsteigen. Gehörte er am Anfang zur technischen Avantgarde, fuhr er später zum Gespött der Coburger Jugend wie ein Fossil auf seinem Hochrad zwischen all den Niederradfahrern durch die Straßen. Seine Kauzigkeit stellt die Frage, ob und wie man sich im Rahmen des technischen Fortschritts verhält, wie sehr man daran teilhat, zögert, sich verweigert oder ihn vorantreibt. Könnte, so eine naive Frage, der Engel der Geschichte die Flügel zusammenfalten, sozusagen reffen, um nicht weiter vom Wind aus dem Paradies vorangetrieben zu werden? Könnte er sodann den Blick nach vorne wenden? Er kann es nicht. Er hält ja den Opfern, er hält den Katastrophen die Treue. Also auch diesem auf komische Weise gescheiterten Onkel.

Ich sagte, dieser Onkel machte sich in meinem Kopf breit. Er wollte, dass der Autor über ihn schreibt. Der Autor wollte aber nicht, sondern weigerte sich beharrlich. Der in Argentinien spielende Roman, der »Schlangenbaum«, der ja zu etwa vier Fünftel fertig war, bliebe, sollte sich der Onkel durchsetzen, liegen. Der Autor hatte und hat mit dieser einen Ausnahme nie ein Projekt durch ein anderes unterbrochen. Ich sprach von dem Energiefeld, aus dem auch der literarische Kosmos, sagen wir ruhig, entspringt. Diese Asymmetrie von Materie und Antimaterie, aus der Masse entsteht, der auslösende Knall, war paradox genug ein Traum. Kurz nach dem Besuch der Mutter besuchte ein Freund den Autor und erzählte von seinem Schwager, einem Kaufmann, der die Vertriebsrechte für eine Beerdigungsmaschine aus den USA erworben hatte. Eine Maschine, die Hamlets Totengräber zu einem Maschinisten machen würde. Jedoch bei dem ersten Einsatz der aus Amerika herbeigeschafften Maschine ergab sich, sie war für deutsche Friedhöfe ungeeignet. Die Grabflächen waren zu klein und die Wege oft krumm. Die Rationalisierung und Technisierung des Beerdigungswesens geriet fast zu einer Pleite des Schwagers. Der Traum jedoch, den ich mir notiert hatte, war der Anfang, und mit ihm begann das Schreiben: »Eine kastenförmige, ganz mit Blech verkleidete, mannshohe Maschine wird auf kleinen Metallrädern zu der Stelle gefahren, wo Onkel Franz begraben werden soll. An der Schmalseite der Maschine ist eine Öffnung mit einem Klappverschluss wie bei Abfalleimern. Über die Breitseite verläuft ein schmaler Schlitz, durch den man etwas von dem inwendigen Mechanismus sehen kann. Die Maschine wird von einem Pastor in Gang gesetzt, und Tante Anna beginnt heftig zu hecheln. Die Maschine sticht mit guillotineähnlichen Messern das Erdreich in der Größe eines Grabes ab. Deutlich sehe ich das rosige Fleisch halbierter Würmer, die sich zuckend in die Erdbrocken zurückziehen. Die Maschine ist eine Erfindung meines Onkels Franz, deren Funktion er durch seinen Tod demonstrieren kann: Er begräbt sich selbst, ohne Fremdhilfe und zeitsparend. Die Maschine sitzt jetzt auf der Grube auf, und ich kann nur noch die Grabgeräusche der Messer hören und das dumpfe Poltern der in den oberen Blechbehälter fallenden Erdbrocken. Dann steht die Maschine still. Selbsttätig beginnt sie den Sarg, der unsichtbar im Inneren hängt, abzusenken. Deutlich ist das Knirschen der Gliederketten zu hören, an denen der Sarg befestigt ist. Abermals verstärkt sich das Hecheln meiner Tante. Die Angehörigen, von denen ich zu meiner Verwunderung niemanden kenne, gehen zu der Maschine und werfen durch den Schlitz die mitgebrachten Kränze und Blumen. Die Maschine zerkleinert sie sogleich zu einer Lockspeise. Was für ein eigentümliches, nie gehörtes Wort, denke ich und wache über meine eigene Verwunderung auf.«

Der Autor saß und schrieb, und der Energieschub war so groß, dass dieses Buch von allen langen Prosaarbeiten am schnellsten geschrieben wurde, in knapp sechs Monaten. Oft schlief der Autor neben seinem Schreibtisch auf einer am Boden liegenden Matratze, um nachts, wenn er aufwachte, sogleich weiterschreiben zu können oder um sich etwas zu notieren.

So trieb mich dieser Onkel voran und verdrängte den scheiternden Ingenieur aus dem »Schlangenbaum«. Erst viel später wurde mir bewusst, dass dieses Energiegebräu, aus dem beide Figuren hervorgegangen waren, dieselbe Materie bildeten. Ich hatte mich der Thematik des Fortschritts von einer anderen Seite genähert, war in die Geschichte, auch in meine eigene Geschichte, eingetaucht, um die Probleme, die mich am Weiterschreiben des »Schlangenbaums« hinderten, in einer früheren Zeitschicht aufzuspüren. So ist es denn auch erklärlich, dass ich nach Beendigung der Coburger Legende für die Wiederaufnahme der lateinamerikanischen Apokalypse bereit war.

Der Präparator und Hochradpionier, Erfinder des Sich-selbst-auslösenden-Lenkers und des Klammergepäckträgers, hatte mich weitergebracht, und auch seine Frau, meine Tante Anna, hatte daran ihren Anteil, sie, so behaupte ich, war die erste Hochradfahrerin der Stadt, Trägerin des syrischen Unterkleids, um dieses monströse Gefährt besteigen zu können. Das Buch hätte auch heißen können »Die Frau auf dem Hochrad«.

Hierher gehört die Erinnerung an diese erstaunliche Tante, die alt und grauhaarig war, am Fenster stand und mit einer die Augen ins Riesige vergrößernden Brille in die Gasse hinunterschaute. Eine Frau, die sich, was ich bis dahin nie gesehen hatte, einmal in der Woche das Gesicht einseifte und dann gründlich rasierte. Auf meine Frage, woher der Bart käme, sagte sie, die aus dem mecklenburgischen Rostock kam und in das fränkische Coburg geheiratet hatte: Min Lütten, dat kümmt vom Fahrradfohrn. So war für mich, als Kind, der Bartwuchs mit dem Fahrradfahren verbunden. Eine wundersame Welt.

Eigentümlicherweise wurde »Der Mann auf dem Hochrad« beim Erscheinen kaum besprochen, fand auch nur wenige Leser. Lag es am Anfang? Lag es am Titel? Lag es an der Gattungsbezeichnung »Legende«? Aber auch als der Taschenbuchverlag mich überredete, wenigstens auf den Umschlag »Roman« drucken zu lassen, blieb das Buch, obwohl mich so bewegend, was es war – ein Schläfer.

Wurde der Anfang von »Der Mann auf dem Hochrad« dem Autor buchstäblich ins Haus getragen, ging dem Anfang des Romans »Johannisnacht« eine verworrene, man könnte auch sagen, chaotische Arbeitssituation voran. Der erste Satz des Romans lautet: »Die Geschichte beginnt genau genommen damit, dass ich keinen Anfang finden konnte.«

Das ist keine rhetorische Figur, sondern es entsprach der Situation des Autors, der eine Auftragsarbeit angenommen hatte, nicht aus finanziellen Gründen und nicht weil er einen Schreibblock hatte, sondern weil er sich einen Wunsch aus der Kindheit erfüllen wollte. Eine Erfüllung, die merkwürdiger Umwege bedurfte. Hier muss gesagt werden, dass plötzlich zwei Autoren im Spiel sind, das Erzähler-Ich, das über die Kartoffel einen Essay schreibt, das fiktive also, von dem gesagt wird, es habe einen Schreibblock, und das biographische Autoren-Ich, das sich einen Kinderwunsch erfüllen will und ebenfalls über die Kartoffel schreibt. Natürlich war stets das biographische Autoren-Ich dem fiktiven Autoren-Ich des Romans voraus, obwohl dieses wiederum das biographische Autoren-Ich oft überraschte, sogar – was zur schreibenden Selbsterfahrung gehört – verwirrte. So verflochten kompliziert ist die Fiktionalität.

Der biographische Autor war mit der Familie aus dem beschaulichen München nach Berlin gezogen, 1995, in einer Zeit, als dort noch Goldgräberstimmung herrschte. Damals hatte der Autor von einem Verlag das Angebot bekommen, eine CD-ROM zu entwickeln, die als neues Medium gedacht war, gleichsam als *Wagner'sches Gesamtkunstwerk*, in dem Schrift, Bild und Ton gleichermaßen und in aller Vielfalt enthalten sein sollten. Ein interessantes und mit einem guten Vorschuss ausgestattetes Projekt. Auch Reisen konnten abgerechnet werden. In dem Augenblick dachte das Autoren-Ich noch nicht an einen Roman, sondern nur an Peru, an den Titicacasee. Sein Plan war, einen kulturhistorischen Essay zu schreiben, und zwar über die Kartoffel, und das in einer neuen, verschiedene Medien mischenden Kunstform. Der Autor recherchierte, beschäftigte sich mit der Geschichte der Kartoffel, stapfte über Kartoffelfelder, besuchte Kartoffelmuseen, stöberte in Antiquariaten, fuhr nach Peru, besuchte das dortige Kartoffelinstitut, das ein Weltkulturerbe sammelt, schützt und pflegt, konnte sogar das Allerheiligste betreten, einen Tresorraum, in dem bei exakt bestimmter Temperatur die verschiedenen Kartoffelsorten und deren Gene in Reagenzgläsern lagern. Sie sollen nicht nur archiviert werden, sondern man will sie so, quasi als Beweis, vor dem Zugriff der amerikanischen Konzerne schützen.

Damals begann ein kommerzieller Wettlauf um freie Gene, die durch Patentierung in Besitz genommen und dann als Saatgut zu Höchstpreisen verkauft wurden, auch an jene Länder, aus denen sie ursprünglich kamen. Der Autor, der Ich sagen kann, hat einen Abstecher an den Titicacasee gemacht, allein aus dem Grund, um dort die von den Indios geflochtenen Schilfinseln zu sehen. Von diesen Inseln hatte er als Kind in einem Band mit Sammelbildern der Sanella-Margarine gelesen. Die Bewohner sollen vor etwa tausend Jahren vor den Inkas auf den See geflohen sein und sich Inseln aus Schilf geflochten haben. Der Autor war dort, ein Foto beglaubigt es. Er steht vor einem kleinen Kartoffelbeet, das in dem Humus bildenden Schilf angelegt ist. Im Hintergrund ein paar Hühner und Indiokinder, die auf einem sehr begrenzten Feld Fußball spielen. Vielleicht war dieser Augenblick der tiefere Grund für die ganze Arbeit. Die Kraft der Kindheitswünsche reicht weit – werden sie nicht verdrängt oder vom Realitätsprinzip aufgerieben.

Der Autor kam aus Peru nach Berlin zurück, arbeitete fleißig weiter, ihm wurde sogar zugearbeitet, die Weltliteratur wurde nach Kartoffelszenen durchforstet, die Kartoffel bei Tolstoi, Stendhal, Fontane, Joseph Conrad, bis zu Günter Grass. In dieser Zeit lief der Autor, der sich schon langsam in der Kartoffelforschung verloren hatte, wie ein Ethnologe durch Berlin. Durch ein Berlin, das zu der Zeit noch nicht unter der Dominanz der Regierung, der Medien, der Staatsbesuche stand, sondern eine Stadt im Auf-, Um- und Abbruch war, mit seinen Glücksrittern, den Immobilienhändlern, mit unfreundlich dreisten Taxifahrern, die noch vor wenigen Jahren selbstherrliche SED-Kader oder Offiziere der Volksarmee gewesen waren. Berlin, das war der Polenmarkt am Anhalter Bahnhof, wo man Trabbis, Eier, Zobelfelle, Handgranaten, Enten, Stoßdämpfer, selbst gestrickte Socken, Erstausgaben von Kafka und Schiller und gebrauchsfähige Pistolen kaufen konnte. Der Autor wurde in den Irrwitz dieser Stadt hineingezogen, ein netter Italiener wollte ihm eine Lederjacke aus Papier verkaufen, er geriet auf eine polnische Hochzeit und bekam beinahe eine Zweitfrau aufgeschwatzt, er traf einen Tuareg, der seine Urlaubsbekanntschaft suchte, der Autor wurde mittels eines an einen dünnen Faden gebundenen Fünfmarkstücks ins weltweite Dauertelefonieren eingewiesen, er traf Waffenschieber und überlegte zwischendurch, wie er den Essay strukturieren sollte, allein die Stofffülle, die verwickelten Wege, auf denen die Kartoffel nach Deutschland gelangt war, von den Spaniern aus den Anden nach Sevilla gebracht, von dort über Irland nach Friesland, das war der eine Weg, der andere vermutlich der, dass sie als Gastgeschenk an den einen oder anderen Fürstenhof in Süddeutschland kam, eine Zierpflanze, begehrt wegen der zartblauen Blüten. Noch Marie Antoinette trug diese als Schmuck im Haar. Die Knolle tauchte in Apothekergärten als Heilknolle gegen Hämorriden auf, Friedrich der Große aß sie in Sanssouci auf dem Balkon vor seinen misstrauischen Bauern. Wat de Bur nich kennt, freet he nich. Allein die zahlreichen dialektalen Benennungen: Erdapfel, Tuffel, Schucke, Bulwe, Bolle, Grumbeere, Pudel, Tüfke usw.

Und dann hieß es plötzlich, der Rowohlt Verlag wolle das Projekt nicht weiterverfolgen, der Autor dürfe aber das Honorar behalten, auch die Reisekosten müssten nicht zurückgezahlt werden.

Der Autor stand einen Augenblick ratlos da. Er

hatte sich einen Kinderwunsch erfüllt und viel über die Kartoffel gelesen und nachgedacht und war durch die Stadt gelaufen. Und dann sagte er sich, das alles gehört zusammen, diese Stadt, die Kartoffelforschung, seine Ratlosigkeit, und so führte der Autor einen Autor ein, der einen Schreibblock hat, den er selbst nicht hatte, und schickte das fiktive Autoren-Ich, das wie das biographische Autoren-Ich eine Auftragsarbeit angenommen hatte und einen Essay über die Kartoffel schreiben sollte, drei Tage durch Berlin.

Der Roman beschreibt einen Augenblick in der deutschen Geschichte, sechs Jahre nach der Vereinigung der beiden deutschen Staaten. Einen Ort, in dem die Kraftfelder zweier Gesellschaften sich überschnitten, einer kapitalistischen, als soziale Marktwirtschaft verbrämten, und einer gescheiterten kommandosozialistischen Gesellschaftsordnung. Einer der seltenen Momente in der Geschichte, in dem sich Politisches direkt im individuellen Handeln zeigte, beides aufeinander verwies. Dem Autor schwebte eine ethnographische Studie vor, wobei er sich als teilnehmender Beobachter verstand, dessen Methode die von Clifford Geertz entlehnte »dichte Beschreibung« sein sollte. Jedoch: Das Erlebte durfte nicht einfach so beschrieben werden, wie es gewesen war, was nur einen langweiligen Naturalismus ergeben hätte, sondern der Stein sollte, wie Šklovski sagt, steinig gemacht werden. Literarisches Schreiben heißt nicht beschreiben, sondern bedeuten.

In dem Roman »Johannisnacht« gibt es einen literarischen Subtext: Shakespeares »Midsummernights Dream«, nicht etwa, um den Haupttext von außen literarisch aufzuputzen, sondern weil die Wirklichkeit den Autor darauf hinwies. Die Zeit der Romanhandlung, der 23. Juni 1995, ist das Datum, an dem Christo und Jeanne-Claude den Reichstag verpacken ließen, und wir dürfen annehmen, dass sie dieses Datum gewählt hatten, weil es die Nacht der Verwandlungen und der Verkleidungen ist: die Johannisnacht. Durch diese Nacht sind der biographische wie der fiktionale Autor gelaufen. Die Nacht gibt den Namen für eine Zeit der Metamorphosen dieser Stadt, sowohl im Gesellschaftlichen wie auch in vielen Einzelschicksalen. Es sollte ein Spiel sein, in dem Zeitgeschichtliches sich mit Fiktion verband. Die Erinnerung des biographischen Autors an seine Wanderungen durch dieses Berlin hat zuweilen traumhafte Züge. Übrigens hat auch die biedere Kartoffel, was man der »Bolle« so gar nicht zutraut, einen geheimnisvollen Hintergrund. Sie gehört – wie auch die Tollkirsche, die Tomate und der Tabak – zu den halluzinogenen Nachtschattengewächsen mit den rauschhaften Substanzen der Alkaloide. Der Autor, der fiktive, beginnt im Laufe der Handlung wieder zu rauchen, Zigarren, was später zur Folge hatte, dass mir, dem Nichtraucher, immer wieder gute kubanische Zigarren geschenkt wurden.

Der letzte lange, hypotaktische Satz beschreibt, indem er den ersten Satz des Anfangs in einer Rondoform wieder aufnimmt, eine vom Autoren-Ich bewunderte Kunst, die Kunst des Drei-Kringel-Rauchens. Der Rauch, die Kringel lösen sich wie die Handlung am Schluss in blauen Dunst auf.

Ein mich über Jahre begleitendes Projekt war der Roman »Rot«, die Geschichte eines Beerdigungsredners. Der Mann taucht schon in der »Johannisnacht« an einer Imbissbude auf und begegnet dort dem durch Berlin irrenden fiktiven Autor. Den Anstoß für die Figur des Beerdigungsredners fand der biographische Autor in den Achtzigerjahren in Münster. Mit einem Freund, dem Ethnologen Ted Norris, besuchte er ein Weingeschäft. Eines dieser in den Siebzigerjahren aufgekommenen Geschäfte, in denen die linken, durch den Radikalenerlass vom Lehrerberuf ferngehaltenen Romanisten ihre Weinkenntnisse einbrachten und halfen, das Trinkverhalten in Deutschland zu ändern: Statt Steinhäger, Bier und Liebfrauenmilch setzten sich die guten französischen, spanischen und italienischen Rotweine durch. In dem Laden saß ein Mann, gut gekleidet, viel Schwarz und etwas Grau, mit dem der Autor ins Gespräch kam. Der Mann, ein pensionierter Studienrat, hielt Beerdigungsreden, nicht vordringlich wegen des Honorars, sondern weil ihn die Leben interessierten, die zu ihrem Ende gekommen waren. Das Selbst wird durch sein Ende, den Tod, zu einer in sich abgeschlossenen Entität. Solange Leben ist, ist da immer auch noch Schöpfung, Selbstschöpfung, Selbsterfahrung und Fremderfahrung, Veränderung. Der Tod erst schafft eine endgültige Identität. Das war es, was mich an diesem Beruf interessierte, der Beerdigungsredner **bedeutet** das Leben, versucht, das daran Besondere zur Sprache zu bringen. Auch wenn ein Leben vielen anderen ähnelt, man sich sozialen Normen anpasst in dem, was **man** tut, was **man** denkt, was **man** wünscht, also wenn es sich in ein Dasein verloren hat, bestimmt durch das, was vorgedacht, vorgelebt, vorgeredet wird, so bleibt doch, wenn auch nur infinitesimal, das Eigene erhalten, und das zeigt sich gerade im Verlust, im Versagen, im Schmerz, aber auch in den Momenten des Aufbegehrens. Für den Beerdigungsredner, wenn er denn seine prekäre Aufgabe ernst nimmt, gilt, eine Sprache zu finden, in der das gelebte Leben seine einmalige Bedeutung bekommt.

Die Parallele zu der Arbeit des Schriftstellers, der nicht nur Sprache montiert oder Vorgedachtem nachschreibt, ist offensichtlich, auch seine Zeit ist das Präteritum. Es geht um »die Überlieferung von gelebter Erfahrung. Erfahrung, die von Mund zu Mund geht, das ist die Quelle, aus der alle Erzähler geschöpft haben«, wie Walter Benjamin in seinem Essay »Der Erzähler« schreibt. Der Tote kann seine Erfahrungen nicht mehr erzählen, es wird über ihn erzählt. Und damit setzt notwendig die Reflexion auf das Erzählen und seinen Gegenstand ein, die es vom Naiven, Mündlichen abhebt, strukturiert und selbstreflexiv gestaltet.

Tatsächlich stehen nur wenige objektive Daten fest, die man nach einem wissenschaftlichen Wahrheitsmodell verifizieren oder falsifizieren könnte – Zeitangaben: Geburt, Schulbeginn, Prüfungen, Hochzeit, Scheidung, Renteneintritt, Tod etc. Alles andere ist Interpretation, ist schon immer bedeutet, durch den Verstorbenen selbst, in seinen Briefen, Tagebüchern, in den Berichten der Verwandten, Bekannten und Freunde.

Die Aufmerksamkeit des Autors war darum geschärft, weil er kurz zuvor diese Situation erlebt hatte: Die Mutter war gestorben, und er wusste, ich wusste, ich konnte über sie, die mir so nahe war, über diesen geliebten Menschen nicht reden, ohne die Fassung zu verlieren. Aber eben das gehört zur Trauer, nach der ersten Fassungslosigkeit, sich und den Verstorbenen im Gedenken wieder in der Sprache zu finden, zu fassen. So sprach bei der Beerdigung der Mutter, obwohl sie aus der evangelischen Kirche ausgetreten war, ein Hamburger Pastor, ein mächtiger Mann mit Vollbart, der die Hamburger Motorradfahrer seelsorgerisch betreute. Er hatte ohne Zögern zugesagt und hielt eine nachdenkliche, ganz unsentimentale Rede. Wobei ich durch seinen Mund das Leben meiner Mutter hörte, das er wiederum von meiner Schwester erzählt bekommen hatte. Etwas Neues lag in dieser Rede, eine andere Deutung, keineswegs falsch oder geschönt und doch aus einer Sicht, die mir selbst einen neuen Blick gewährte.

Wie deutet man ein gelebtes Leben in einer Sprache, die nicht glättet, keine vorgestanzten Formulierungen benutzt, nicht den Kanon der gängigen Tröstungen in Anspruch nimmt, in einer Sprache, die das Besondere hervorhebt, ohne sich anzubiedern? Sie merken, es geht auch um handwerkliche Probleme, die sich jedem Schriftsteller stellen.

Und noch etwas rührte mein Interesse an: Der Berufszweig der Beerdigungsredner kümmert sich um die transzendental Obdachlosen. Ein Berufszweig mit aussichtsreicher Zukunft. Tatsächlich verlieren sich viele der Formen und Konventionen im gesellschaftlichen Zusammenleben, die für den Einzelnen Einengung, zugleich auch Entlastung bedeuten. Mit der gesellschaftlichen Liberalisierung hat in den vergangenen Jahrzehnten, gar Jahrhunderten ein Abbau der gesellschaftlichen Konventionen stattgefunden, eine Entwicklung, die Norbert Elias als Informalisierungsprozess bezeichnet hat. Wie kann man die Toten, wenn ein religiöser Ritus ausscheidet, würdig bestatten? An dieser Stelle muss erwähnt werden, dass der Autor bei Lesungen aus dem Roman »Rot« in England oder Italien auf blankes Staunen über den honorierten Beruf des Beerdigungsredners stieß. Dort ist das ein unbekannter Berufszweig. In England gibt es immer noch Vereine, Gewerkschaften, Clubs, in deren Kreisen sich dann Redner, die etwas über den Verstorbenen sagen können, finden. In Italien sind es die Großfamilien, die politischen Parteien, die Gruppen und Grüppchen, die das Gedenken übernehmen, das ganz wesentlich vom Erzählen und Erinnern bestimmt ist. Ich will hinzufügen, dass dieser Verlust einer Form des Erzählens in der Gesellschaft, in der sich diese ihrer selbst über ihre Individuen vergewissert, auch auf die ästhetische Diskussion in der Literaturkritik niederschlägt.

Um noch einmal auf den Mann in dem Weinladen zurückzukommen: Ohne sein Zutun hat er das Romanprojekt »Rot« beeinflusst, ist gar durch seine Tätigkeit zur Hauptfigur der Handlung geworden. Doch noch war nicht an einen Roman gedacht, noch war nicht dieses Kraftfeld für einen Anfang gegeben, noch waren es ganz disperse Gedanken, Gefühlsmomente, die Hilflosigkeit, die Trauer um die Mutter, die Fragen, was aus den Erfahrungen und Erlebnissen der politischen Bewegung geworden war, eine fehlende Steinplatte in der Fassade des Schweizer Hauses an der Friedrichstraße, die Vorstellung, diese Platte könnte einen Passanten erschlagen haben. Der Tod als dummer Zufall. Die Überlegungen und Notizen in meinem Journal sagen nichts über einen Plan, nichts von einem Roman. Ich kann aus heutiger Sicht nicht mehr sagen, wann sich dieser Gedanke, diese Absicht, diese Selbstverpflichtung einstellte, gerade diesen Roman zu schreiben.

Das Eigentümliche ist, der Autor wählt nicht die Stoffe, sondern sie wählen ihn. Zuweilen überfallen sie ihn geradezu forsch und fordernd, wie das Beispiel

»Der Mann auf dem Hochrad« gezeigt hat, meist aber kommen sie auf Taubenfüßen in das Arbeitszimmer. Natürlich kann der Autor zunächst »Nein« sagen zu dem, was ihn bedrängt und beschäftigt, zunächst, aber das wühlt weiter, macht sich im Kopf breit, der Autor beginnt zu träumen, und die Figuren sind dann nicht die, die er gesehen, erfahren, erlebt hat, sondern verändern sich, reichern sich an, mit anderen Erfahrungen, anderen Erinnerungsschüben. Er findet seine Selbsterfahrung durch Fremderfahrung. Der Beerdigungsredner, den ich in Münster traf, ist nur vom Alter und seiner Bildung her der Hauptfigur in dem Roman »Rot« vergleichbar, alles andere ist Fiktion, ist aus dem Gebräu der Gedanken, Gefühle, Ängste und Wünsche des Autors zur erzählten Struktur geworden: Thomas Linde, Mitte fünfzig, Jazz-Kritiker fürs Radio und Beerdigungsredner, in den Jahren um 68 politisch engagiert, Studium der Philosophie und Germanistik, verheiratet, geschieden, kinderlos, er hat eine wesentlich jüngere Freundin, eine Lichtdesignerin, die ein Kind von ihm erwartet. Er soll über einen Toten reden, einen ehemaligen Genossen, einen Mann, der, wie sich herausstellt, die Siegessäule in Berlin in die Luft sprengen wollte. Linde hat er das Päckchen mit Sprengstoff hinterlassen. Was Wunder, dass Linde mit seinen Gedanken beim Überqueren der Straße woanders ist. Von einem Auto angefahren, liegt er sterbend auf der Straße und hält seine eigene Beerdigungsrede, in der viele andere Beerdigungsreden auftauchen, nicht chronologisch, fragmentarisch, vergleichbar der auf der Straße liegenden zersplitterten Fensterscheibe eines Geschäfts, in das der Wagen bei dem Versuch, auszuweichen, gefahren ist.

Der Anfang, jeweils vier, fünf, sechs und mehr Seiten, wurde immer wieder variierend neu geschrieben. Zwei der verworfenen Anfänge von »Rot« können Sie in dem von Martin Hielscher herausgegebenen Lesebuch »Uwe Timm, Die Stimme beim Schreiben« nachlesen und mit dem endgültigen Anfang vergleichen.

Sie werden sehen, es ist ein Improvisieren, Phantasieren, um den rechten Ton zu finden. Der Autor hat während des Schreibens Jazz gehört, Miles Davis, Thelonius Monk, Keith Jarrett und andere. Für den Anfang ist nicht nur das rechte Wort, das genaue, wichtig, sondern auch der Rhythmus, die Melodie und der Melodiebogen, der die improvisierten Stellen trägt, all die Einschübe anderer Sprechweisen, Dialektales, Alltagssprache, Fachsprache. Hier muss erwähnt werden, der Autor schreibt mit einer Kopfstimme. Er hört sich selbst beim Schreiben, er hört seine Stimme, ohne, so haben die ihm nahestehenden Menschen versichert, laut zu sprechen. Er jedoch hört sich selbst reden. Er wiederholt. Er verbessert sich. Er schreibt um und verwirft. Er sagt: Nein, nein, nein. Hundert Nein und dann das eine Ja. Und dann kann er sagen: Es ist gut.

Hinter der Buchstaben-Kosmogonie verbirgt sich ein lautlicher Kosmos. Wie die Zeichen dem Auge zugeordnet sind, dem Verstand, so finden sie, da in der Sprache wurzelnd, im Tönenden ihr Ohr. Sprache ist das Medium, das beides verbindet, die Sinne und das Spirituelle, und in dieser Verbindung stiftet Sprache Sinn. Die Buchstaben haben noch diesen Hall der Gedanken, der beschreibenden Stimme – getragen vom Atem. Und etwas davon spürt jeder, wenn er denn beim stummen Lesen in sich hineinhört, einen fernen Klang, der eben jene Lust bereitet, die Literatur uns gewährt, das Erkennen im Melos der Sprache.

In der nächsten Vorlesung will ich versuchen, über den *fernen* Klang, über die Bedeutung von Vergessen und Erinnern in der erzählenden Prosa zu sprechen.

3.
Fundsachen

Kein Anfang ohne Gedächtnis. Kein Gedächtnis ohne Erzählen. Erst im Erzählen wird der Anfang geschaffen, erst in der Erinnerung taucht der Anfang als Anfang auf. In der griechischen Mythologie ist denn auch die Göttin der Erinnerung – Mnemosyne – eine Tochter der Gaia, der Erdgöttin, die ohne Begattung Uranos gebar, mit dem sie wiederum Kinder zeugte, die der Sohnvater aber nicht in das Leben entließ, weil er in ständiger Umarmung die geliebte Mutter begattete. Er musste von seinem Sohn Kronos mittels einer Sichel entmannt werden. Kronos, die Zeit, ermöglicht erst die Bewegung, die Chronologie, die Mnemosyne, seine Schwester, als Erinnerung und Gedächtnis wirken lässt. Mit Mnemosyne zeugte Zeus, nach Hesiods Theogonie, in neun Nächten neun Töchter, die Musen. Ein komplizierter, auch widersprüchlicher Anfang. Im Gegensatz zum Alten Testament, das, in der Priesterschrift, Gottes Wort ist und damit Gott als vorausgesetzt beglaubigt. In der griechischen Mythologie hingegen müssen mittels Inzest, Sensen und in Windeln gepackten Steinen die Götter in die Welt und damit zu Wort und Wirkung kommen. Abgesehen von den neun Nächten werden keine Einzelheiten von Zeus' Seitensprung erzählt, dabei sollte doch gerade dieser, weil es um Erinnerung geht, in der Erinnerung bleiben. Die Göttin der Erinnerung ist aufgrund ihrer flüchtigen, rückwärtsgewandten Disposition nur schwer als jugendlich vorstellbar, wohl eher als Frau mittleren Alters, wie sie denn auch als Memoria, schwarz gekleidet, zwei Finger der rechten Hand am Ohr, an der Linken einen schwarzen Hund, in der »Iconologia« (1593) von Cesare Ripa dargestellt ist. Man darf vermuten, dass Zeus mit der Erinnerung, dieser vergangenheitsbefangenen, -gefangenen, ein Stelldichein hatte, vergangen auch das, ganz der Zeit verfallen, wie diese neun Nächte aussahen. Neunlinge, das ist heute durch Hormonbehandlung immerhin schon mit Achtlingen in Amerika beinahe wirklich geworden. Aber natürlich dürfen wir so bei einem Mythos nicht fragen. Jedenfalls sind unter den Töchtern der Mnemosyne die Musen Kalliope und Klio. Kalliope, die Muse der epischen Dichtung und der Wissenschaft, wird meist mit Schreibtafel und Griffel oder Buchrolle dargestellt. Ihre Schwester Klio, Muse der Geschichtsschreibung, ebenfalls mit Schriftrolle und Griffel, zuweilen auch mit einer Bücherkiste. Das Bemerkenswerte daran ist, diese Abkömmlinge der Erinnerung werden früh schon mit den Schreibutensilien, also mit dem Schreiben verbunden. Sie stehen nicht mehr nur wie die Mutter für die individuelle Erinnerung, sondern für die schon festgeschriebene, auch übertragbare, es geht um das, was nicht nur dem einzelnen Gedächtnis eingeschrieben ist, sondern einen kulturellen Speicher gefunden hat, also um eine fixierte Erinnerung, die mit ihrer Fixierung wiederum ins kulturelle Gedächtnis eingeht. Der Ägyptologe Jan Assmann hat in einem Aufsatz »Kollektives Gedächtnis und kulturelle Identität« den Unterschied zwischen dem kulturellen und dem kommunikativen Gedächtnis herausgearbeitet. Das kulturelle Gedächtnis definiert er als »Sammelbegriff für alles Wissen, das im spezifischen Interaktionsrahmen einer Gesellschaft Handeln und Erleben steuert und von Generation zu Generation zur wiederholten Einübung und Einweisung ansteht.« Assmann setzt davon das »kommunikative Gedächtnis« ab, das im Vergleich zum kulturellen gleichsam das Kurzzeitgedächtnis ist. Gebunden an die Existenz der lebenden Träger umfasst es etwa 80 Jahre, was ungefähr die Spanne von drei Generationen ausmacht, und wandert also in deren Lebenszeit mit. Es ist an die Mündlichkeit, an das Gespräch, an das Erzählen gebunden. Die Umformung in ein kulturelles Gedächtnis erfolgt durch Schrift, Ton- und Bildträger, geschieht durch die Schaffung von Denkmälern, Bildern, Ritualen. Deren Pflege stabilisiert wiederum ein tradierbares Selbstbild der Gesellschaft als kulturelle Identität, »ein kollektiv geteiltes Wissen vorzugsweise (aber nicht ausschließlich) über die Vergangenheit, auf das eine Gruppe ihr Bewusstsein von Einheit und Eigenart stützt.«

Lassen Sie mich nach dieser Begriffserklärung einen Gang zu meinem Bücherbord machen. In dem Bord liegen zwei Steine. Ein Stück Granit, ein Bruchstück, und ein ovaler Stein, in der Größe eines Taubeneis, weiß und blau geädert, ein Kiesel. Die eine Seite des Granitstücks von ungefähr sieben Zentimeter ist von der Sonne hell ausgeblichen. Sie könnte schon Nero gesehen haben, denn, und damit beginnt die Geschichte dieses Steins, er stammt aus der Spitze eines Obelisken, der, in der Antike aus Ägypten nach Rom geschafft, im Zirkus Maximus aufgestellt worden war und später, im Mittelalter, auf die Piazza del Popolo kam. Das ist der Platz, auf dem die Kirche Santa Maria del Popolo steht. An diesem Ort soll, so der römische Volksglaube, Neros Asche nach seinem Selbstmord verscharrt worden sein. Aus seinem Grab wuchs der *noce maledetto*, der verfluchte Nussbaum. In seinen Zweigen erschien um Mitternacht, von Raben und Dämonen begleitet, der Geist Neros. Papst Pasquale II. ließ 1099 den Baum umhauen und die Wurzeln ausbrennen und segnete den Ort, um dort eine Kapelle bauen zu lassen. 1227 wurde aus Spenden der römischen Bevölkerung die Pfarrkirche Santa Maria del Popolo errichtet. Das Bild der Jungfrau verdrängte den blutigen Schatten Neros. Der Obelisk wurde 1589 in der Mitte des Platzes aufgestellt. Eine lange, verwickelte Geschichte ist mit diesem Granitstück verbunden. Wie kommt man an ein Granitstück aus der Spitze des Obelisken der Piazza del Popolo?

Im Herbst 1983 wälzte sich eines dieser heftigen Gewitter über Rom, eine schwarze, an den westlichen Rändern schwefelgelbe Wolkenbank. Ein Blitz schlug in den Obelisken auf der Piazza del Popolo ein. Ein Flammenfeld, ein Stoß, Steinbrocken flogen über den Platz. Die Gäste, die vor dem Regen Schutz unter der Markise des Café Rosati gesucht hatten, flohen entsetzt ins Innere. Unter ihnen ein Freund. Nachdem das Gewitter abgezogen war, die Sonne wieder durchbrach, ging er mit anderen Neugierigen zu dem Obelisken.

Der Platz war mit kleinen und großen Steinstücken übersät. Mein Freund hob zwei Steinstücke auf, eines brachte er mir mit. Wenig später war die Stadtreinigung gekommen und hatte die Steinbrocken zusammengefegt.

Die Geschichte ist, das ahnt, wer die römische Bürokratie kennt, damit noch nicht zu Ende. Denn nachdem die Splitter und Brocken von der Stadtreinigung abtransportiert und auf verschiedenen Müllhalden abgeladen worden waren, intervenierte das Amt für Baudenkmäler. Die Stücke seien für eine Restaurierung dringend erforderlich. Man begann, in den Mülldeponien nach den Granitsplittern zu suchen. Ein paar Brocken fand man, aber die meisten blieben verschwunden. Touristen hatten die Splitter aufgesammelt und in alle Welt getragen. Wie auch dieses Granitstück, das jetzt in meinem Bücherbord liegt.

Von dem anderen Stein, der im Bücherregal liegt und rund und handlich ist, weiß ich nicht mehr, wo und warum ich ihn aufgehoben habe. Und ich habe keine Ahnung, welche Bedeutung sich einmal mit ihm verband. Er ist eine versteinerte Erinnerung. Die Erinnerung an das Vergessen, darum hebe ich ihn mir auf. Ein Kiesel aus dem Fluss Lethe.

Diese Erinnerungsleere gibt wiederum Raum, dem Stein eine fiktive Geschichte zu geben, ihn mit Bedeutung aufzuladen. Das wäre dann interessant, wenn die Geschichte auch etwas über das Private Hinausgehende hätte, vergleichbar mit jener Situation der auf der Müllhalde herumstöbernden römischen Archäologen. Und in einem Workshop für angehende Schriftsteller könnte man die Aufgabe stellen: Finden Sie zu diesem eiförmigen Stein eine Geschichte, und jeder wäre angehalten, seine Erinnerung nach ähnlichen Fundstücken zu durchstöbern, wo und wie man zu so einem Stein gekommen sein könnte. Ich bin sicher, dass bei dieser Aufgabe das Meer, der Strand, rein statistisch eine große Rolle spielen würde.

Das Erzählen hat seinen Ursprung eben darin, im Erinnerten und Vergessenen. Wobei zum Erinnern immer auch das Vergessen gehört, das Vergessen möglicherweise sogar der weit produktivere Teil ist, indem es die Bedeutungsinseln im Fluss Lethe erst schafft.

»Das Dasein ist« – so Nietzsche – »im Grunde ein nie zu vollendendes Imperfektum.« (Vom Nutzen und Nachteil der Historie für das Leben.) Über das zu erzählen, was in diesem Moment geschieht, hat keinen Sinn, man kann versuchen, momentane Empfindungen zu beschreiben, einen emotionalen Zustand, der sich am eindeutigsten in Wohl- oder Schmerzlauten artikuliert. Allenfalls in der Sprache der Lyrik und dem Drama scheint ein gegenwärtiges Sprechen auf. Das Erzählen aber braucht die Vergangenheit und diese, um überhaupt Vergangenheit zu sein, das Erzählen. Man muss nicht unbedingt den Schreibgriffel zum Erzählen haben, es ist auch mündlich möglich, hat dort seinen Anfang in der Mitteilung, wächst aus der Lust, aus der Verzweiflung über das Erlebte, und führt damit auch zur Selbstvergewisserung; das Gespräch, auch das stumme Selbstgespräch, ist die alltäglichste Ausprägung, es ließe sich literarisch der dramatischen Form zuordnen, sie leistet, das, was einen umtreibt, was einen ängstigt, erfreut, in imaginierter Rede und Gegenrede erst einmal fassbar zu machen. Ein Erleben, das, indem es sich öffnet, in so unterschiedliche Formen gebracht werden kann. Und dann das Vergessen, diese wunderbare kreative Eigenschaft, die uns erst die Bedeutung, unsere Bedeutung gibt, weil es all die weniger wichtigen Dinge löscht. Ich meine damit nicht, was die Psychologie als Verdrängung bezeichnet und ein Blockieren von Erinnerung ist, das zu neurotischen Störungen führt, sondern ich denke an einen phänomenologischen Prozess, der grundsätzlich für heilsame, Sinn schaffende Trennung sorgt, ganz auf die eigene Wahrnehmung und Erfahrung bezogen bleibt und damit auch Ausdruck einer existenziellen Freiheit ist.

Das, was uns Mnemosyne erhält, ist nicht immer sogleich in seiner Bedeutung erkennbar, oft scheint es zu stören und öffnet sich uns in seiner Sinnhaftigkeit erst im Erzählen, oder, anders gewendet: Der erinnerte Moment fordert und fördert den bewussten Sinngebungsprozess, der dem fragenden Erzählen inhärent ist. Bevor sie diesen Prozess durchlaufen haben, sind die Erinnerungsmomente nur Relikte einer Anmutung, einer Situation, eines Affekts: Angst, Schmerz, Neugierde, Liebe, Peinlichkeit, meist beziehen sie sich auf soziale Situationen, und oft sind die peinigenden Erlebnisse auch die noch im Nachhinein deutlichsten, ausgestattet mit der Kraft, das einmal Empfundene erneut zu mobilisieren. Sie haben sich gleichsam tiefer, schmerzhafter in die Erinnerung hineingefressen, wurden **verinnerlicht**. Dort, wo sie unbewusst bleiben, steuern sie umso stärker unser Verhalten, unsere Handlungen. Das Nachdenken, das Schreiben, diese dialogische Form mit sich selbst, ist eine Möglichkeit der Selbstverständigung und Selbstvergewisserung durch Selbstdeutung, wobei diese ohne eine Befragung äußerer Einflüsse, gesellschaftlicher und geschichtlicher Konnotationen des Ich, Gefahr läuft, im Partikularen, Beliebigen stecken zu bleiben.

Ich habe mich in zwei Büchern ausdrücklich mit Erinnerung und Gedächtnis beschäftigt, in den Erzählungen »Am Beispiel meines Bruders« und »Der

Freund und der Fremde«, wobei ich weiß, dass ich bei dem letzteren Buch diese Erinnerungsmomente mit anderen teile. Allein so, wie ich sie im Gedächtnis habe, meinen Blick auf sie werfe, über sie spreche, gehören sie mir, von eben jetzt, in diesem Augenblick meiner Stimmung, meines Interesses, meiner an mich gerichteten Fragen, werden sie hervorgehoben und scheinen deutlicher auf. Italo Svevo schreibt: »Die Vergangenheit ist immer neu. Sie verändert sich dauernd, schreitet mit dem Leben fort. Teile von ihr, die in Vergessenheit versunken schienen, tauchen wieder auf, andere wiederum versinken, weil sie weniger wichtig sind. Die Gegenwart dirigiert die Vergangenheit wie die Mitglieder eines Orchesters. Sie benötigt diese Töne und keine andern. So erscheint die Vergangenheit bald lang, bald kurz. Bald klingt sie an, bald verstummt sie. In die Gegenwart wirkt nur jener Teil der Vergangenheit hinein, der dazu bestimmt ist, sie zu erhellen oder zu verdunkeln.«

So sind denn auch, um im Bild zu bleiben, die Lautstärke, die Motivlänge von dem augenblicklichen Interesse, von der Gestimmtheit abhängig, und damit meine ich nicht nur die eigene.

Drei Bücher haben diesen autobiographischen Zugriff: Zunächst »Römische Aufzeichnungen«, die zuerst 1989 unter dem Titel »Vogel friss die Feige nicht« erschienen sind. Daraus stammt auch der Bericht über das Granitstück. 2003 erschien »Am Beispiel meines Bruders« und 2005 schließlich »Der Freund

und der Fremde«. Die drei Bände sind in sich nicht chronologisch aufgebaut und entsprechen in ihrer Erscheinungsfolge auch nicht der Chronologie der Lebensjahre. Sie sind am Anfang nicht einmal mit dem Vorsatz entstanden, eine Autobiographie zu schreiben, sondern aus einem, auch von Zeitumständen bedingten Bedürfnis der Selbstbefragung. Eine solche Selbstbefragung kann sich nicht chronologisch vorarbeiten. Es gibt in meinem, ich darf wohl verallgemeinernd sagen, in unserem Bewusstsein, nicht diesen Zeitstrahl, der die Geschehnisse, Ereignisse, Monate und Tage aneinanderreihend, nach ihrem Ablauf, sortiert. Das erzählende Subjekt verfügt ja, wenn man sich selbst genau prüft, keineswegs über ein geordnetes Nacheinander, also Kindergarten, die Grundschule, das Gymnasium, erste Freundin, zweite Freundin usw., sondern es hat alles **zugleich. Ungleich** wird es nur durch die jeweils zugemessene Bedeutung. Wenn man sagt, ich habe *das und das vor Augen*, beschreibt das eine Nähe, die sich spontan einstellt – die Tiefenschärfe stellt sich erst ein, wenn der sich Erinnernde es in Sprache zu fassen versucht. Damit beginnt die Erinnerungsarbeit, eine intensive Arbeit, sich schreibend auch dem zu nähern, was nicht spontan in der Erinnerung abrufbar ist, sondern sich im Vorbewussten abgelagert hat und erst jetzt durch Assoziationen in Wortfeldern bildhaft wieder aufscheinen kann.

Eine meiner frühesten Erinnerungen ist die, dass ich den sechzehn Jahre älteren Bruder, der sich in der Küche hinter einem Schrank versteckt hat, sehe, das heißt, ich sehe – auch heute noch – seine blonden Haare, und dann stellt sich das Gefühl ein, zu schweben. Es ist dieses Zusammenspiel: die in der Küche stehenden Erwachsenen, die das Kind, mich, erwartungsvoll ansehen, ihre Blicke zu dem Schrank, mein Entdecken des Haars, der Bruder, der hervorkommt und mich hochhebt. In der Erinnerung ist es aber nur dieses Bild: die blonden Haare und das Gefühl: Ich schwebe.

Wahrscheinlich hat sich diese Situation wegen des Versteckens und des Entdeckens so genau eingeprägt. Verstecken ist eine spielerische Ur-Erfahrung. Die Lust und der Schreck, verschwinden zu können. Was in der Existenz tief angelegt ist, als Erfahrung des Todes, das Verschwinden, ist zugleich konstitutiv für das Vorhandensein. Man kann auch nicht sein. Etwas, was sich dem kindlichen Bewusstsein noch entzieht: Das Selbst wird nicht mehr sein. Die spielerische Variante ist, sich zu verstecken, unsichtbar zu werden. Zugleich ist es die Möglichkeit, sich vor Gefahr verbergen zu können. Das Endecktwerden ist dann auch immer mit einem kleinen Schreck und reflexartigen Fluchtversuchen verbunden. An dem älteren Bruder war, so berichteten die Eltern, merkwürdig, dass er als Kind in der Wohnung ein derart gutes Versteck gefunden hatte, dass er regelrecht verschwinden konnte. Man konnte ihn nicht finden. Verstecken und Entdecken haben auch eine zeitliche Dimension. Was verborgen war, was verborgen wurde, was verdrängt wurde, kann, auch wenn das Aufgedeckte mit Schrecken verbunden wäre, wieder ins Licht und damit in den Blick gebracht werden. Das meine Arbeit begleitende Empfinden war, obwohl oder weil die Familie, auch das Heim, infrage stand, das Un-heimliche.

Wurde mir der Anfang von »Der Mann auf dem Hochrad« geradezu ins Haus getragen, ich könnte das genaue Datum nennen, so hat mich der Vorsatz, über diesen älteren Bruder zu schreiben, durch Jahre begleitet. Dieses Schreiben war wie eine Verpflichtung, wie eine Selbstverpflichtung. Und da war zugleich das Wissen, es kann nur gelingen, wenn ich auch über mich schreibe und über die Familie, den Vater, die Mutter, die Schwester, und wie gesagt, über den Bruder, der sich mit 18 Jahren freiwillig zur Waffen-SS gemeldet hatte, in der Ukraine 1943 schwer verwundet wurde und dort in einem Feldlazarett starb. Der Mutter waren seine Briefe, Orden und sein Tagebuch zugeschickt worden. Die kleine Pappschachtel mit diesen Habseligkeiten verwahrte sie in ihrer Nachttischschublade. In der Schachtel lag auch ein Kamm, daran ein paar Haare. Das war alles, was von dem Bruder körperlich geblieben war. Die Toten sind zwar leiblich tot, aber ihre sozialen Körper haben, solange sie in der Erinnerung bleiben, eine geisterhafte Präsenz. Die Abwesenheit des Bruders war zugleich seine intensive Anwesenheit. Es war eine Präsenz, gegen die nicht anzukommen war, an der man sich nicht –

weder positiv noch negativ – abarbeiten konnte. Er saß mit am Tisch. Man konnte ihn nicht fragen. Man konnte sich nicht über ihn ärgern. Er machte keine Fehler. Der Bruder, der tapfere, der anständige Junge. Er hatte für immer alles richtig gemacht. Er war das Vorbild. Er hat mich durch meine Kindheit begleitet, im Reden wie auch im Schweigen der Eltern.

Das Schreiben über ihn war eine Erkundungsreise in das eigene Bewusstsein, in die Kindheit und Jugend, in die familiäre Welt mit ihren durch den Vater bestimmten Normen: Pflicht, Gehorsam, Fleiß, Tapferkeit. Normen, die er selbst als »preußisch« bezeichnete. War die Binnenwelt der Familie die gleiche geblieben – sah man von des Bruders präsenter Absenz ab –, so hatte sich in der gesellschaftlichen Welt ein radikaler Wandel vollzogen. Die Nazidiktatur war von außen besiegt worden, und eine programmatische Umerziehung zu demokratischem Verhalten wurde von Amerikanern und Engländern mithilfe der Emigranten und oppositioneller Regimegegner durchgesetzt. Das Deutschnationale, das traditionell autoritäre Denken und Verhalten hielt sich nach wie vor im Privaten, war zu Hause immer noch ein charakterbildendes Erziehungsziel in vielen Familien, wurde aber in der Öffentlichkeit konterkariert durch Film, Musik, Literatur, Rundfunk. Ein Konflikt, der sich in einem Aufbegehren gegen die Vätergeneration artikulierte.

Später, als diese Nachkriegsgeneration an die Hochschulen ging, entwickelte sich aus Teilen von ihr die antiautoritäre Bewegung, was dann zur sogenannten 68er-Bewegung führte, die hier in Deutschland tatsächlich schon 67 aufbrach. Zu der Studentenbewegung gehörte ganz wesentlich die Konfrontation mit all den Richtern und Staatsanwälten, den Militärs, Wirtschaftsführern, Professoren, Politikern mit ihrer Nazivergangenheit. Es war die Zeit des Protestes, der Befragung dessen, was verschwiegen und verdrängt worden war, erzwungene Diskussionen, die, das muss gerade hier, im Adorno-Hörsaal, erwähnt werden, sich teilweise pervertiert verselbstständigten und auch kritische Professoren heimsuchten, sie unter einen autoritären, auch körperlich gewaltsamen Erklärungsdruck setzten. Es waren politische Diskussionen, die auf Veränderungen drängten, auf Praxis, wie es damals hieß. Es war noch nicht die Zeit der Motivforschung, die eine bestimmte historische Distanz benötigt, um solchen Fragen nachzugehen, wie die Täter zu Tätern wurden. Es war auch noch nicht die Zeit einer kritischen Selbstbefragung der Protestierenden. Das Aufbegehren war von Empörung und Wut getragen, und damit auch – wie immer in solchen Momenten – von viel Selbstgerechtigkeit.

Das Schreiben über den Bruder war durch Fragen bestimmt, die weiter zurückreichten als der Impuls des Aufbegehrens, der den Beginn der Studentenbewegung trug. Hier wie dort ging es um deutsche Geschichte, doch trat jetzt die Selbstbefragung in den Vordergrund. Das Selbst versuchte, mit größtmöglicher Genauigkeit in die Erinnerung einzudringen, eine Erinnerung, die nicht abgeschlossen war, solange Menschen lebten, die Mutter, die Schwester, die immer noch korrigierend und ergänzend hätten eingreifen können. Erst mit dem Tod von Mutter und Schwester war paradoxerweise die Erinnerung, meine Erinnerung, freigegeben. Jetzt konnten alle Fragen gestellt werden, ich musste auf nichts und auf niemanden, der mir nahe war und dessen Gefühle ich hätte verletzen können, Rücksicht nehmen. Ich wollte aus den Briefen, die der Bruder von der Front geschrieben hatte, und aus dem Tagebuch zitieren. Das Private musste öffentlich werden, indem es zu seinem gesellschaftlichen Umfeld befragt wurde. Und ich wollte herausfinden, ob die Einheit des Bruders, das Panzerpionier-Bataillon III der SS-Totenkopfdivision, an der Ermordung von Juden und russischen Zivilisten beteiligt war. Ich will hier hervorheben, dass es keinen grundsätzlichen Unterschied macht, ob er, der Bruder, an solchen Massakern beteiligt war, wofür ich keinen Anhaltspunkt gefunden habe, oder ob er nur im Kampfeinsatz war. Die SS war, wie Robert Cohen, ein Germanist und Freund, zu dem Buch geschrieben hat, darauf verpflichtet, Juden zu ermorden.

Ein Satz in dem Tagebuch des Bruders hatte mich, wenn ich in den Jahren davor anfing zu lesen, immer wieder abgeschreckt. Der Satz steht rechts oben und lautet:

»März 21. (1943)
Donez
Brückenkopf über den Donez. 75 m raucht Iwan Zigaretten, ein Fressen für mein MG.«

Ungeheuerlich ist dieser Satz, und es war nicht leicht, sich ihm zu stellen. Zugleich war er der Schlüssel für die das Schreiben anstoßenden Fragen: Wie kommt es zu dem Verlust von Empathie, wie kommt es dazu, bereitwillig zu töten und sich töten zu lassen? Wie kommt das Gewaltsame in die Sprache? Wie bilden sich Sprachmuster, die andere Menschen aus den moralischen Verbindlichkeiten ausgrenzen? Und vor allem auch diese Frage, eine quälende, wie hätte ich mich anstelle des Bruders verhalten, wäre ich in derselben geschichtlichen Situation groß geworden?

Ich will noch einmal auf den Anfang zurückkommen, der ja nicht nur als ein ästhetisches Problem zu sehen ist, sondern, ich hoffe, dass es deutlich wurde, immer auch ein existenzieller Akt ist, der entscheidende Augenblick der Freiheit, einen Anfang zu finden, der auch Änderung, Veränderung möglich macht.

Die Arbeit an »Am Beispiel meines Bruders« war, wie gesagt, ein solcher Anfang, ein sich lange hinziehender Vorsatz zuerst, ein Zögern, auch Zurückweichen vor den zu findenden Schrecknissen. Eine Ausforschung eigener Entscheidungshaltungen, ein Suchen nach einer Struktur und nach einer Sprache, um das zu fassen. Im Nachhinein denke ich, dass der letzte Anstoß für diese doch autobiographische Arbeit der Roman »Rot« war, der Erinnerung und Vergessen in der Rede des Beerdigungsredners Thomas Linde thematisiert. In dieser fiktionalen Handlung wurde ausgearbeitet, was das Schreiben über den Bruder möglich machte: eine narrative Montagetechnik, eine Methode, die das Erzählen nicht auf Chronologie, sondern auf Bedeutung ausrichtet, die das umfasst: die Reflexion auf Geschichte und Gesellschaft, das Zitieren verschiedener Sprechweisen, dokumentarische Zitate, ein umgangssprachliches, essayistisches und poetisches Schreiben. Eine ästhetische Konstruktion, die nicht sagt, so war es, sondern so könnte es gewesen sein, die, indem sie über die Leerstellen zwischen den Textblöcken auf das Fragmentarische des Erfahrbaren, Erinnerbaren verweist, nicht den Anspruch auf das »Ganze« erhebt.

Zugleich war es der Versuch, eine Sprache zu finden, zu erarbeiten, die dem möglichst nahe kommt, was einmal empfunden, was einmal gedacht, gewünscht, gefürchtet war und doch die Distanz der Reflexion wahrt. Es sollte nicht nur diskursiv nachvollziehbar, sondern in seiner Genauigkeit in der Sprache gegenwärtig sein. Die Muse der epischen Dichtkunst und Tochter der Mnemosyne, Kalliope, heißt ja die »Schönstimmige«. Was in »Rot« seine Musikalität durch das Thema Jazz bekam, die Improvisation, sollte in »Am Beispiel meines Bruders« die Fuge sein, der Tod von vier Menschen: die Stimmen von Bruder, Vater, Mutter, Schwester, die motivisch in Wiederholungen und in Modulationen durchgespielt werden.

Die Arbeit an dem Roman »Rot«, so zeigt es sich im Nachhinein, war in der Fiktion die Vorarbeit, um über den Bruder und mich selbst zu schreiben. Warum es nicht schon zwanzig Jahre früher nach dem ähnlich strukturierten Roman »Morenga« möglich war, liegt wohl auch daran, dass die Erinnerung, meine Erinnerung, noch nicht frei war.

Und noch eines, in dem historischen Roman »Morenga« sind der Stoff und die Figuren fern, während in »Rot« die Wahrnehmungs- und Erlebnisformen dem Autor nah waren. Ich muss nicht betonen, dass solche Momente der subjektiven Erinnerung auf sehr unterschiedliche Weise in das Erzählen eingehen. Im rein fiktionalen Text stark transformiert, auf verschiedene Personen verteilt, der Logik des narrativen Projekts und seiner Form gehorchend. Der autobiographische Text hingegen erzwingt eine größere Nähe zum ursprünglich Erlebten und zum Erinnerten.

Den Versuch, dem einmal Gedachten und Gefühlten möglichst nahe zu kommen, begleitet dieses Wissen, dass das Erinnerte nicht das tatsächlich so Gewesene ist. Es gibt natürlich keine reine Form der Erinnerung und somit auch keine reine Authentizität. Erinnerung ist immer schon durch das Mehrwissen (und Nicht-mehr-Wissen, Vergessen) der Gegenwart kontaminiert, das Auswahl, Hervorhebung, Kontextsetzung bestimmt.

Um noch einmal auf Mnemosyne zurückzukommen: diese Göttin, die in der griechischen Kunst keine bildliche Darstellung fand, sichert uns unsere Identität. Und zwar nicht durch eine einfache Verdoppelung der Erlebnissituation in der Erinnerung, sondern sie verbindet vielmehr im Rücklauf auf ein Vergangenes mit dem Vorlauf des nach Bedeutung fragenden Ich im Jetzt. Somit schafft erst Mnemosyne die Zeit der Menschen. Ihr Bruder, Kronos, steht für eine abstrakte physikalische Zeit. Diese physikalische Zeit ist das bloße Nacheinander. Erst durch Erinnerung und den Vorlauf auf das Wissen von der eigenen Begrenztheit, dem Tode, ist Zeit und damit das Wissen von Gelingen und Misslingen, also auch die Verantwortung des Menschen, zu denken. Erinnerung, sagte ich, wird erst durch das Vergessen etwas Produktives, erst durch das Vergessen wird das aktive Suchen im Vergangenheitsdunkel angestoßen.

Erinnerungen lassen sich verdrängen, bewusst, oder sie werden durch das Unbewusste regelrecht blockiert, was, wie wir wissen, zu psychischen Störungen führen kann, zum Trauma. Ein Vorgang, der durchaus nicht nur im individuellen, sondern auch im kollektiven Gedächtnis feststellbar ist. Vor allem auch: Die Erinnerung kann bewusst korrigiert und verfälscht werden. Das kommunikative wie das kulturelle Gedächtnis sind Interpretationen, sind durch Umdeutung und Verschweigen bestimmt. Jede literarische Arbeit, jedenfalls die mich interessierende, muss sich beidem,

dem individuellen wie dem gesellschaftlichen Erinnern, öffnen und gerade dem nachspüren, was verschwiegen wird, was nicht im Blick und dennoch da ist. Das ist oft ein schmerzhafter Prozess, weil er sich dem Misslingen, den Verletzungen, dem Versagen zuwenden muss. Das auf das gesellschaftliche Gedächtnis gerichtete Nachdenken macht das Öffentliche, ja notwendig Politische der Literatur aus, das von den individuellen Erfahrungen des Schriftstellers ausgeht, um über sie hinauszugehen. Eine Gedächtnisarbeit, die zugleich Schreibarbeit ist. Denn jede Zeile zielt bewusst oder unbewusst auf einen Leser, also auf Öffentlichkeit. Indem der Schriftsteller es, das gesellschaftliche Gedächtnis, wie auch seine eigene Erinnerung in Sprache zu fassen versucht. Dabei gliedert er seine Erinnerungsdeutung einem schon vorhandenen Speicher von Vergangenem ein, die Wörter agieren als Treibsatz, evozieren ihrerseits Erinnerungen. Die Sprache fasst Erinnerung, Mnemosyne, diese Flüchtige, Unzuverlässige, genauer und hält sie fest. Wenn man will, ist dies der Moment der Zeugung von Klio und Kalliope, von Geschichtsschreibung und Dichtung.

Mein Erinnern und mein Schreiben werden meist von Bildern und von Tönen, wie sie in der Sprache aufgehoben sind, in Gang gesetzt. Auch Gerüche können durch ihre plötzliche Gegenwärtigkeit Erinnerungsräume öffnen. Am wenigsten bleiben die sinnlich haptischen Erlebnisse im Gedächtnis, die in actu die stärksten Affekte, nämlich Schmerz und Lust, auslösen. Es bleibt das abstrakte Wissen darüber: **der** Schmerz oder **die** Lust. Aber wie, welcher Art war diese Empfindung? Möglicherweise ist diese sprachlich nur ungenau zu fassende Erinnerung der tiefere Grund des Verlangens nach Wiederholung, für den nicht stillbaren Drang nach körperlicher Nähe, sexueller Befriedigung. Hingegen ist das Sinnesorgan, das für Distanz steht, das Auge, dasjenige, das im Bild – jedenfalls bei mir – am intensivsten die Eindrücke bewahrt und abrufbar hält. Wobei gesagt sein muss, dass diese Sinneseindrücke nicht bloße Reizungen sind, vielmehr sind sie stets verbunden mit Situationen, heften sich an Dinge, an Menschen, an Sprache, Töne, Bilder, und sie sind ganz wesentlich mitgeprägt von medialen Erinnerungen, von Büchern, Filmen, Oper, Theater – ästhetisch elaborierte Wahrnehmungsweisen, die ebenfalls als primäre in die Erinnerung eingelagert werden.

Es gibt Lektüreerlebnisse, die in die Alltagswahrnehmung reichen und darin wieder Anmutungen evozieren. Eigentümliche Gestimmtheiten, die, auch wenn sie von glücklichen Erfahrungen rühren, in sich die Trauer des Vergangenen mittragen, sich zugleich aber den Dingen neu öffnen. Wenn ich beispielsweise in München durch den Hofgarten gehe, lösen die Verse aus »The Waste Land« von T. S. Eliot nicht nur einen Erinnerungsschauer bei mir aus, sondern der Ort wird mit fremder Wahrnehmung aufgeladen: »With a shower of rain; we stopped in the colonnade, /And went on in sunlight, into the Hofgarten, / And drank coffee, and talked for an hour.«

Andere ästhetische Erlebnisse begleiten uns bei bestimmten Anlässen. Ich war vielleicht neun Jahre alt, als ich zum ersten Mal von den Eltern mit in ein Theaterstück für Erwachsene genommen worden war. Nicht ins Schauspielhaus, sondern in ein plattdeutsches Stück im Ohnsorg-Theater. Die Erinnerung daran ist von einer ganz erstaunlichen Frische und umfasst alle Sinne. Geruch, Geräusche, das Bühnenbild, die Handlung, die Figuren, und auch das blieb im Gedächtnis, die Melancholie des Stücks, das »Die Königin von Honolulu« hieß. Sogar der Geschmackssinn ist in der Erinnerung aufgehoben, denn in der Pause gab es Frankfurter Würstchen mit Kartoffelsalat. Über Jahre habe ich diese Stimmung als eine freudige Erwartung mit ins Theater getragen, habe später im Studententheater gespielt, bis irgendwann die Lust und die Neugierde auf die Theaterbesuche nachließen, nicht aber die Lust auf Kartoffelsalat mit Frankfurter Würstchen, die mich, bestelle ich sie mir, wiederum an das Theater erinnern.

Und es gibt Wörter, die, weil an ganz bestimmte Erlebnisse gebunden, eine regelrechte Bilderflut auslösen, wie das englische Wort »Seagull«, das ich lexikalisch schon kannte, als ich in der Jugendherberge in Dover nachts wachliegend hörte, was dieses Wort meint, dieses Schreien der in den Kreidefelsen brütenden Möwen, wobei das deutsche Wort »Möwe« vom Klang her den Vogel nur im stillen Flug beschreibt, dachte ich damals, *Seagull* aber weit genauer sein Treiben und Schreien trifft.

Ein mich irritierendes, mir zutiefst unangenehmes Wort war: Rhododendron. Irgendeine kindliche Erfahrung haftete daran, ein verdrängtes Erlebnis in der Kindheit, vielleicht auch die Schwierigkeit, es auszusprechen oder in der Schule richtig zu schreiben. Ich mochte das Wort nicht, mochte nicht die Pflanze, nicht die Blüten des Buschs, nicht die widerlich glatten Blätter. In »Der Mann auf dem Hochrad« lasse ich in Coburg – wo wahrscheinlich der Grund meiner Wortirritation liegt – eine deutsche Dogge hinter einem Rhododendronbusch vergiften. Seitdem ist das Wort Rhododendron für mich ein blassrosa blühender Busch, hinter dem eine Dogge verschwindet. Viele Wörter werfen einen biographischen Schatten, haben einen bestimmten *Geschmack*, ihr Gebrauch, ihre Vermeidung bilden in der Mikrostruktur der Sprache das Besondere des individuellen Stils aus.

Diese affektbehafteten Bilder und Erlebnisse werden für uns – wenden wir uns ihnen in der Gegenwart zu – erst wieder deutlich in der Sprache, »spürbar«, wenn sie in Sprache gefasst sind und damit auch verstehbar. Das kann sich im Bereich der Selbstgespräche ereignen, im mündlichen, vor allem im literarischen Erzählen. Ohne Sprache bleiben solche Bilder wechselhafte, allenfalls Lust oder Furcht auslösende Schemen. Sprache, die das Vergessen aufhebt – selbst aber auch vergessen werden kann –, ist das Medium, in dem Erinnerung wiederholt und bewahrt wird. Sprache evoziert Erinnerungen, aber sie kann sich auch ihrer selbst erinnern, in der Etymologie. Sie trägt in sich die Vergangenheit, all die Formungen und Umformungen, die sachten Bedeutungsaufladungen und Verschiebungen.

Eine Möglichkeit von Literatur ist, Sprache als Nicht-Selbstverständliches erscheinen zu lassen, wie sie auch Identität als Nicht-Selbstverständliches zeigen kann, indem sie ihr die Selbstgewissheit nimmt. Erst so wird die Voraussetzung geschaffen, andere Identitäten zu verstehen und sich selbst offen zu halten für Veränderungen, für einen neuen Anfang.

Um am Schluss auf die beiden Steine in meinem Bücherbord zurückzukommen: Das Erzählen hat diese beiden idealtypischen Richtungen: einmal das ans Erleben Gebundene, von Dingen und Situationen Affizierte, auch von tradierten, aufgeschriebenen Erfahrungen Bestimmte, zum anderen das Erzählen, das auf äußere Dinge und Ereignisse zielt, das sich nicht mit unserer Erinnerung verbindet, gewissermaßen an Bedeutungs-Rohlingen arbeitet, die Rätselhaftes bergen. Hier setzt der wunderbare Konjunktiv ein. Es könnte so gewesen sein. Den Rohlingen geben wir eine imaginierte Bedeutung, die abermals aus den Trümmern der Erinnerung gebaut wird, aus erratischen Details, assoziierten Situationen, erlebten Personen, um jenen

Weg zu beschreiten, der aus der Selbsterfahrung eine Fremderfahrung werden lässt und dabei das Selbst infrage stellt; so wird der Rohling zum Wetzstein des Verstandes und zum Prüfstein für Emotionen, an dem die Wahrnehmung geschärft wird, auf dass man sich – der Schreibende wie der Lesende – als ein anderer erfahren kann.

4.
Denkmalsturz

1967. Ein Mann in Uniform und Tropenhelm wird vom Sockel gerissen. Stehen bleibt ein Askari, der einen sterbenden Löwen mit der kaiserlichen Kriegsfahne zudeckt. Das Ensemble war vor 55 Jahren neben dem Kolonialinstitut aufgestellt worden, aus dem später die Hamburger Universität hervorging. Der Bronzemann stellte Herrmann v. Wissmann dar, Afrikaforscher und Gouverneur von Deutsch-Ostafrika. Wissmann hatte dort Aufstände niedergeschlagen und seine Erfahrungen als Afrikaforscher in Aufsätzen und Büchern niedergelegt. »Über die Behandlung des Negers«, so lautet einer der Titel. Die empfohlene pädagogische Methode: Durchgreifen und Draufschlagen. Am deutschen Wesen sollte die Welt genesen. Der deutsche Kolonialismus, hart, aber gerecht, so seine Selbsteinschätzung, fand mit dem Versailler Vertrag 1919 ein Ende. Wissmann hingegen blieb stehen, bis die Studenten kamen und ihn stürzten. Ein Polit-Happening. Reden wurden gehalten, Resolutionen verlesen. Portugal führte damals noch Krieg in seinen Kolonien Mosambik und Angola. Die Südafrikanische Union, mit ihrer strikten Rassentrennung, hielt Namibia, das ehemalige Deutsch-Südwestafrika, besetzt.

Nach dem Denkmalsturz wurden einige der Beteiligten angezeigt. Die Behörde ließ das Denkmal wieder aufstellen. Wenig später wurde Wissmann abermals umgerissen. Schließlich besann man sich in der Behörde. Auf diese Auseinandersetzung konnte man sich nicht einlassen. Aufstellen, Umreißen, Aufstellen, das Denkmalamt hätte auf Dauer den Kürzeren gezogen, und darüber hinaus wäre man dadurch erst recht auf die problematische deutsche Kolonialgeschichte und die guten wirtschaftlichen Beziehungen zu dem Apartheidregime aufmerksam geworden. Das Denkmal wanderte in einen Asservatenschuppen. Die Täter, denen ein Prozess drohte, wurden später amnestiert. Heute würden sie wohl wegen ihres kritischen Bürgersinns ausgezeichnet. Ihr Gedächtnis war der Zeit voraus, und – das vor allem – sie waren aufseiten der Opfer der Geschichte. Inzwischen sind auch die letzten Exemplare der deutschen kolonialen Denkmalskultur ganz offiziell aus den Parks und Anlagen entfernt worden.

Diese Denkmalsturz-Szene wird in dem Roman »Heißer Sommer« beschrieben. Erst während des Schreibens wurde dem Autor bewusst, wie sehr seine Erinnerung mit eben dem verbunden war, wofür das Denkmal stand. Da war nicht nur die kindliche Bewunderung für diese in Bronze gegossene Szene, die ihm der Vater erklärte und deutete, sondern vor allem für das, was die älteren Kameraden des Vaters erzählten, die noch in der Schutztruppe in Afrika gedient hatten. Das Kind saß und lauschte den Berichten von einer fernen, fremden Welt. Die Hottentotten, so hieß es, waren faul, schliefen in den Tag hinein, prügelten die Kinder nicht, saßen herum und palaverten. Eine für das Kind begehrenswerte Ferne. Ich sammelte Kolonialbücher, hörte später als Student ethnologische Vorlesungen. Ein Interesse an Afrika, das mich weiter begleitete und schließlich zu dem Roman »Morenga« führte.

In der letzten Vorlesung habe ich Jan Assmanns Unterscheidung zwischen »kommunikativem« und »kulturellem Gedächtnis« zitiert. Zum kulturellen Gedächtnis gehören ganz wesentlich die identitätsstiftenden Gedächtnistage, Rituale, Museen und Denkmäler. An den Denkmälern ist erkennbar, ob das, was in Bronze gegossen oder in Stein gemeißelt wurde, den Betrachter anspricht, ihm etwas sagt, oder ob es stumm bleibt. Die einstigen Heroen der deutschen Einigungskriege, Roon, Moltke, v. d. Tann, stehen von Tauben bekleckert in den Grünanlagen der Städte herum. Diese ehemaligen Kriegshelden erregen niemanden mehr, weder positiv noch negativ. Das kulturelle Gedächtnis hat sie vergessen. Auch Wissmann musste erst umgerissen werden, um wieder Aufmerksamkeit zu erregen.

Andere Denkmäler haben noch so viel appellative Kraft, dass sie provozieren. Beispielsweise das Denkmal am Stephansplatz in Hamburg, genannt »der

Klotz«. An ihm lässt sich der Wandel des kulturellen Gedächtnisses in den vergangenen Jahrzehnten recht genau ablesen. Das Denkmal ist den im Ersten Weltkrieg gefallenen Hamburger Soldaten gewidmet und wurde 1936 eingeweiht. Ein massiver, zwanzig Meter langer und vier Meter hoher Steinblock, um den im Halbrelief eine Kompanie Soldaten in Lebensgröße marschiert. Darüber ist eingemeißelt: »Ihr musstet sterben, damit wir leben.«

Die Soldaten marschieren geschlossen in den Tod. Der Offizier zeigt die Richtung an. Dieses »dulce et decorum est pro patria mori« wurde mit Appellen, Kranzniederlegungen und Aufmärschen gefeiert. Nach 1945 waren sowohl der Spruch wie das Denkmal derart fragwürdig geworden, dass schon in den späten Vierziger- und in den Fünfzigerjahren mit weißer Farbe Parolen darauf gemalt wurden: Nie wieder Krieg. Wir wollten gar nicht sterben! Und immer wieder wurde der Steinklotz mit roten Farbbeuteln beworfen. Das Denkmalamt hatte einiges zu tun, die Sprüche wieder abzuwaschen. In der Zeit um 68 wurden die so tapfer in den Tod marschierenden Soldaten realistisch bearbeitet – symbolische Verwundungen wurden angebracht, Details von Körperteilen abgemeißelt. So rückte in den Blick, was der Bildhauer Hrdlicka zu diesem Denkmal gesagt hatte: »Man geht in Reih und Glied in den Krieg, kommt aber unter Umständen ohne Gliedmaßen wieder.«

Anfang der Achtzigerjahre entschloss sich der Hamburger Senat, neben diesem den Heldentod feiernden Denkmal ein Gegendenkmal errichten zu lassen. Hrdlicka bekam den Auftrag für ein vierteiliges Monument und hat zwischen 1983 und 1985 zwei Objekte geschaffen. Die zwei aus Eisenträgern und Marmor gearbeiteten Großplastiken zeigen, was Krieg für die Opfer bedeutet: Zerstörung, Verstümmelung und Tod. Die ästhetische Ausführung besticht durch den Kontrast zu dem ideologisch aufgeladenen alten Denkmal. »Kunstwerke«, schreibt Adorno, »haben ihre Größe einzig darin, daß sie sprechen lassen, was die Ideologie verbirgt.«

An dem gesamten Ensemble, also an dem alten heroisierenden Denkmal mit den später eingemeißelten Verwundungen wie an dem neuen, noch immer nicht ganz fertiggestellten – es fehlten Mittel –, kann man einen bildhaften Diskurs über das kulturelle Gedächtnis, über dessen Veränderung und Neudeutung ablesen.

Erinnerungen sind, wie wir von uns selbst wissen, geschmeidig. Sie sind formbar und verformbar. Im individuellen Bereich durch Wünsche, Interessen, momentane Affekte, und in der Gesellschaft durch Herrschaftsinteressen, durch den medialen Zugriff. Nietzsches Diktum, es gibt keine Tatsachen, nur Interpretationen, wird hier begreifbar.

Wie die individuelle Erinnerung an Vergangenes von der Gegenwart bestimmt wird, also wie man, von jeweiligen Interessen geleitet, Bedeutsames aus bedeutungsneutralen Elementen heraushebt, zeigt sich als Prozess, der schon im Erleben selbst mit angelegt ist, durch eine emotionale Valenz, die bis in das gegenwärtige Erinnern reicht. Bei historischen Umbrüchen kann das höchst asymmetrisch sein. Wie etwa wird die Kapitulation des Hitlerfaschismus erlebt, als Befreiung oder als Demütigung? Der Jubel der befreiten Häftlinge steht im Gegensatz zu dem Groll derjenigen, die das Kriegsende als Schmach, als nationale Niederlage, als persönliche Kränkung empfunden haben. Mit der bedingungslosen Kapitulation brach das gesellschaftliche Wertesystem zusammen und damit auch die Identität, die nationale, aber in vielen Fällen auch die individuelle.

An den Tag der Kapitulation, den 8. Mai 1945, kann ich mich nicht erinnern, aber recht genau an das Kriegsende. An einem Fluss, der Itz, sollte in Coburg der Vormarsch der Amerikaner gestoppt werden. An einer Brücke war eine Barrikade gebaut und Schützengräben waren ausgehoben worden. In einen dieser Schützengräben war der eben Fünfjährige hineingefallen und kam nicht mehr heraus. Er saß in dieser feuchten Erde und brüllte, bis ein deutscher Soldat ihn herauszog. Am nächsten Tag, als die deutschen Soldaten kampflos abgezogen waren, einige in Zivilkleidung, kamen die Amerikaner. Es war der 24. April 1945. Die deutschen Soldaten rochen wie Pferde nach verschwitztem Leder, und mit ihren genagelten

Knobelbechern war ihr Marschieren ein gewaltsames Stampfen und Dröhnen. Die Amerikaner, so sind sie festgeschrieben im Gedächtnis, kamen leise und geschmeidig auf Gummisohlen, kaum dass man sie hörte. Der Fünfjährige erlebte die Erwachsenen, die dröhnenden, herumkommandierenden, die bedrohlichen, immer zur Strafe, zu Bestrafung bereiten Großen auf einmal leise. Sie waren buchstäblich von heute auf morgen wie verwandelt, die braunen Uniformen, die schwarzen, waren verschwunden. Nur der Kreisleiter Feigtmeier, ein gefürchteter Mann, stand in seiner braunen Uniform in der Gosse und musste sie fegen. Die GIs fuhren im Jeep vorbei und spritzten ihn, der jedes Mal auf den Bürgersteig springen musste, nass. Verdreckt und ängstlich stand er da. Die Erwachsenen flüsterten viel und verboten dem Kind, was sie ihm eben beigebracht hatten, »Heil Hitler« zu sagen und die Hacken zusammenzuschlagen. Auch der Ton der Erwachsenen hatte sich verändert, war leiser geworden, kein Kommandoton mehr, kein »Zack, Zack«, kein gebrülltes »Jawoll«. Dafür kam dem Kind das »O. K.« zu Ohren, das zu sagen ihm verboten wurde, sich dennoch hielt, erst heimlich, später offen und lustvoll betont mit diesem gerundeten Selbstlaut O und einem Hintergaumen-Verschlusslaut. Es ist einfach, sinngemäß lustvoll und wunderbar ökonomisch: O. K.

Die Großen waren, so schien es dem Kind, von heute auf morgen kleiner geworden.

Diese Erfahrung wurde von vielen meiner Generation geteilt, was mit dazu führte, dass diese Generation zu jener wurde, die sich in der antiautoritären Bewegung 1966/67 gegen die Vätergeneration auflehnte. Die Vätergeneration, auch die politisch Verantwortlichen, die Nazis, kehrten nach dem ersten Schock und der Entnazifizierung langsam und mit dem Beginn des Kalten Krieges immer schneller und selbstverständlicher in die Ämter, Schulen, Führungspositionen der Wirtschaft, in die Gerichte zurück. Zu Hause, im Privaten, herrschten sowieso nach wie vor autoritär patriarchale Verhältnisse. In der Protestbewegung von 1967 begann die erste breit geführte Diskussion über die Vätergeneration und deren Verstrickung in der Nazizeit. Deren Vertreter waren nicht pensioniert, sondern, wie gesagt, in Amt und Würden, in der Justiz, in der Wirtschaft, der Verwaltung, Polizei, in Schulen, Universitäten. Sie waren uns fern, wie Globke, oder auch ganz nahe, wie ein Gemeinschaftskundelehrer, Panzer-Rudi genannt, der im Unterricht sagte, es gebe schon wieder viel zu viele Juden in Deutschland. Widerspruch beantwortete er mit sogenannten »taktischen Noten«, mit Fünfen. Eine Ausnahme? Gewiss, aber es gab viele Ausnahmen. Nicht nur kleine Nazis, Mitläufer, sondern auch einen Mann namens Fränkel, der 1962 zum Generalbundesanwalt ernannt worden war. Dann tauchten Dokumente auf, die bewiesen, dass er Freiheitsstrafen in Todesurteile hatte umwandeln lassen, in einem Fall sogar gegen das Votum Freislers. Fränkel wurde beurlaubt, und zwar mit vollen Bezügen. Dieser Fall war Anlass eines der wenigen politischen Gespräche, die ich mit Benno Ohnesorg, der damals nicht sonderlich an Politik interessiert war, geführt habe. Von 1961 bis 1963 haben wir, ich habe das in »Der Freund und der Fremde« beschrieben, am Braunschweig-Kolleg unser Abitur nachgeholt. Er, ein begabter junger Lyriker, ein Kenner der französischen Moderne und mein erster Leser und Kritiker. Gemeinsam haben wir eine kleine Zeitschrift gegründet, »teils-teils«, deren Name einem Benn-Gedicht entlehnt war. Die Zeitschrift kam allerdings nie über die erste Nummer hinaus. Immerhin wurden durch sie ein Gedicht und ein kleiner Essay von Ohnesorg bewahrt. Andere Gedichte gingen über die Jahre verloren. Das in ihnen liegende Versprechen auf ein größeres literarisches Werk hat der Polzeiobermeister Kurras durch seinen Todesschuss ausgelöscht. Ein absurder, skandalöser Tod, wie ich, damals in Paris davon hörend, dachte, da es ihn zufällig traf. Ein Schuss, abgefeuert von einem Schießwütigen, einem dieser autoritären Charaktere der Vätergeneration. Das ist in der Erzählung »Der Freund und der Fremde« beschrieben worden. Jetzt hat der Mord durch neuere Aktenfunde eine weitere, besonders widerliche Bedeutung bekommen: Der Schütze war ein Spitzel der Stasi. Die Altlasten des gestrandeten Versuchs, in Deutschland einen sozialistischen Staat zu errichten, tauchen den Tod Benno Ohnesorgs in ein gespenstisches Licht.

Und wieder, wie schon in der Studentenbewegung, gerät das Opfer aus dem Blick, da die Umstände des Todes Gegenstand politischer Auseinandersetzung werden. Muss die Studentenbewegung umgeschrieben werden? Was wäre passiert, wenn es diesen Toten nicht gegeben hätte? Wenn Kurras als Spitzel enttarnt worden wäre? Das sind müßige Fragen. Wir sind geneigt, geschichtliche Personen, einzelne Ereignisse in ihrer Wirksamkeit zu überschätzen. Dabei wird an ihnen nur deutlich, oft bildhaft, was im Verborgenen sich an Widersprüchen angesammelt hat, welche Konflikte sich jäh Bahn brechen. Die Grundsituation ist nicht allein der Tod des Demonstranten, sondern es sind die prügelnden Polizisten vor der Oper auf der einen und die – damals noch – friedlichen Demonstranten auf der anderen Seite, die mit ihren Pappschildern gegen Folter und Diktatur in Persien protestierten. Ein Gegensatz, der sich auch in der Sprache der Exekutive zeigte, wenn der damalige Polizeipräsident Duensing, ein ehemaliger Major und Ritterkreuzträger, die Demonstranten mit einer Leberwurst verglich, in die man hineinstechen und sie zu den Enden hin ausdrücken muss.

Bevor der Autor 1966 zum Studium nach Paris ging, hatte er an einem »jour fixe« des SDS in München teilgenommen, traf dort auf ein Häuflein von etwa zwanzig Leuten, die verloren in einem großen Raum, der wohl einmal eine Werkstatt gewesen war, saßen. Diskutiert wurde über die Frühschriften von

Marx, die Hegel'sche Rechtsphilosophie und über die Hochschulreform. Als der Autor im Herbst 1967 nach München zurückkam, war der Raum überfüllt. Eine Zeit der Diskussionen, der Proteste, einer von Empörung getragenen Überzeugung, die Gesellschaft könne, müsse verändert werden, und zwar nicht nur die hiesige – inzwischen hatte sich durch den Vietnamkrieg der Blick auf die Länder der Dritten Welt geschärft. Man wollte nicht nur bessere Studienbedingungen, was auch heute noch gilt, bessere Berufsaussichten, niedrigere Steuern, man wollte eine andere, friedliche Welt, ein Mehr an Gerechtigkeit. Und, vor allem auch das, man wollte sich selbst verändern. Es waren praktische, auf die Existenz zielende Forderungen: Empfindsamkeit bei Unrecht, eine distinktive Wahrnehmung von Herrschaftsmechanismen in der Sprache, von eklatanter, aber auch stiller Ausübung von Gewalt. Der Wunsch nach Gleichheit, nach freien, offenen Beziehungen.

Ich engagierte mich im antiautoritären Flügel des Sozialistischen Studentenbundes, ließ zwei Jahre mein Studium schleifen, gehörte also zu denen, von denen die vox populi verlangte, sie sollten ordentlich studieren, statt zu demonstrieren.

Das alles ist genauer und ausführlicher in den Romanen »Heißer Sommer«, »Kerbels Flucht« und »Rot« nachzulesen. Was war diese Energie, die danach drängte, Masse zu werden, Struktur zu bekommen, also dazu führte, dass ich zum Autor meines ersten Romans wurde? Denn damals, das muss betont werden, hatte ich mich zunächst nicht in diese alles verändernde, auch mit mir selbst experimentierende Revolte begeben, um einen Roman zu schreiben. Es gab keinen Gedanken daran, so verstrickt wie ich war in Diskussionen, Arbeitskreisen über das »Kapital«, in das Schreiben von Thesenpapieren, von Flugblättern, Agitproptexten. Ich habe auch nicht Tagebuch geführt, das wäre mir damals recht albern vorgekommen. So war es auch eine fast zweijährige Unterbrechung des literarischen, allein auf mich gerichteten Schreibens. Erst als ich mich aus all den Diskussionen, Sitzungen, Arbeitskreisen zurückzog, mich an eine zweite Fassung meiner Dissertation machte, heiratete, was damals niemand verstand, was sogar heftig kritisiert wurde – wozu privatisieren?, wo gibt's denn so was –, begann ich für mich, Notizen zu machen, kleine Szenen und Situationen aufzuschreiben, Sprechweisen, Satzgesten, -mechanismen, Wortverhärtungen, Zitate, aber alles noch **nicht** mit dem Vorsatz, einen Roman zu schreiben. Ich will Ihnen einen Abschnitt dieser, wie soll ich sagen, Urmaterie, vorlesen, der später, wie andere, ähnliche der sprachgestischen Sequenzen, in den Roman Eingang fand:

»Einer redet, viele rauchen. Einer meldet sich und nennt seinen Namen. Der Name wird von dem Diskussionsleiter mit der Nummer 24 auf die Wandtafel geschrieben, die auf dem Podium des Hörsaals steht.

Derjenige, der gerade redet, fragt, ob das Oberseminar von Renke gesprengt werden soll. Jetzt redet nicht mehr einer, jetzt reden viele. Einer bezeichnet das Verhalten Renkes in seinen Oberseminaren als demokratisch. Jeder komme dort zu Wort, wenn er sich gemeldet hat, auch mit einer abweichenden Meinung. Ein anderer will gerade darin die Alibifunktion der Diskussion erkennen. Jemand zitiert aus einem Aufsatz, den Renke 1940 veröffentlicht hat: Der Erzieher müsse in dem Jugendlichen eine reine Liebe zu dem Führer wecken. Viele rufen: Pfui. Derjenige, der den Aufsatz von Renke zitiert hat, fragt, wie jemand, der so etwas geschrieben hat, heute demokratische Lehrer ausbilden könne. Jemand hält das für eine Jugendsünde. Derjenige, der das Zitat vorgelesen hat, gibt zu bedenken, daß Renke damals immerhin schon fünfunddreißig Jahre alt gewesen sei. Jemand schlägt vor, keinem über dreißig zu trauen. Einer behauptet: Irren sei menschlich und übersetzt es gleich ins Lateinische. Ein anderer vermutet, Renke habe vielleicht aus seinen Fehlern von damals gelernt. Jemand steht auf und sagt: Diese Naivität macht mich sprachlos, und erklärt, warum. Einer verlangt nach einer Wissenschaft, die ideologiefrei sei. Ein anderer antwortet, jede Wissenschaft sei, wenn sie verwertet wird, ideologisch. Jemand stöhnt: Mann in der Tonne. Einer bezweifelt das; einer schreit Scheiße; einer verlangt Ruhe und will dann das Problem ausdiskutiert haben. Jemand ruft: Zur Geschäftsordnung. Derjenige, der vorhin gefragt hatte, ob die Vorlesung von Renke gesprengt werden soll, begründet jetzt, warum sie gesprengt werden muss. Jemand verlangt eine Begrenzung der Redezeit auf fünf Minuten. Einer hält das für repressiv. Ein anderer stellt fest, daß Vorlesungen aus einer Zeit stammen, in der es noch keine Bücher gab. Jemand ruft: Sehr richtig. Einer: Hört, hört. Ein anderer brüllt: Zur Geschäftsordnung, und hebt beide Arme hoch. Der Diskussionsleiter schreibt gerade den sechsunddreißigsten Namen auf die Wandtafel. Einer gibt zu bedenken, daß Vorlesungen auch heute noch eine Funktion haben könnten. Ein anderer hält ihm entgegen, daß empirische Untersuchungen das Gegenteil beweisen, und verlangt nach kollektiven Arbeitskreisen. Jemand wendet sich gegen einen falsch verstandenen Begriff von Empirismus. Jemand anders meint, ohne empirische Kontrolle könne man beweisen oder widerlegen, was man wolle. Jemand ruft von ganz hinten: Dann werden wir endlich alle Kanarienvögel und flattern munter im Hörsaal hin und her. Einer fordert: Ornithologen raus. Jemand ruft: Bürokrat. Einer ruft: Geschäftsordnung, nimmt aber nicht die Arme hoch. Ein anderer ruft ihm zu: Hände hoch. In der ersten Reihe steht eine auf und ruft: Das ist ja zum Davonlaufen, und setzt sich wieder hin. Jemand geht nach vorn zum Mikro und schiebt den Redner zur Seite, der vorhin gefragt hatte, ob das Oberseminar von Renke gesprengt werden sollte und jetzt gerade entwickelt, wie die gesprengte Vorlesung in Arbeitskreise umfunktioniert werden kann. Derjenige, der den Redner vom Mikro weggeschoben hat, fordert einen neuen Diskussionsleiter, und zwar sofort. Viele klopfen, einige zischen. Jemand ruft: So geht das nicht. Der Diskussionsleiter will darüber abstimmen lassen, ob das so geht oder nicht. Einer kommt nach vorn und meldet eine Gegenrede an. Er beantragt, daß der Diskussionsleiter nicht abgewählt werden soll. Ein anderer kommt nach vorn und ruft Gegenrede und behauptet, daß es keine Gegenrede geben kann, da die Alternative schon im ersten Antrag enthalten sei. Ein Dritter kommt nach vorn und meint, auch die Alternative zu einem Antrag müsse begründet werden. Wohin komme man denn sonst? Er stelle daher den Antrag, daß jetzt weiterdiskutiert, die Rednerliste abgeschlossen und über diesen Antrag sogleich abgestimmt werden soll.

Was tun?

Der Diskussionsleiter will erst darüber abstimmen lassen, ob er die Abstimmung leiten soll oder nicht. Jemand ruft: Erst muß abgestimmt werden, ob abgestimmt werden soll. Der zweite Antragsteller beantragt, daß darüber abgestimmt werden soll, ob jetzt weiterdiskutiert wird oder nicht. Jemand meint, beide Anträge hätten etwas Gemeinsames, nämlich: wie jetzt weiterdiskutiert werden soll, mit diesem Diskussionsleiter oder ohne ihn, das sei die eigentliche Frage. Aus dem Saal stellt jemand den Antrag, dem zweiten Antragsteller das Wort zu entziehen, da der Verdacht bestehe, daß jener nur die Diskussion behindern wolle. Er wird aus dem Saal heraus aufgefordert, seinen Antrag zu formulieren. Er drängt sich durch die Gruppe, die das Pult umsteht, ans Mikro und formuliert seinen Antrag: Dem zweiten Antragsteller soll das Wort entzogen werden und der schon gestellte Antrag zurückgezogen werden. Einer behauptet, das sei falsch formuliert, weil der zweite Antragsteller gar keinen Antrag formuliert habe. Jemand ruft hinsetzen. Einer schreit: Scheiße. Einer ruft: Godzilla. Jemand will verzweifeln. Einer schlägt vor, die Rednerliste aufzulösen und so zu tun, als sei gar kein Antrag gestellt worden. Einige meinen, das sei inkonsequent. Einer behauptet, es handle sich hier um ein Scheinproblem. Er wird niedergeschrien. Jemand ruft: Alles muß ausdiskutiert werden. Jemand fordert, das plebiszitäre Verfahren um jeden Preis zu wahren, und setzt es von der Mauschelei des Establishments ab. Viele klopfen, einige rufen: Bravo, einer ruft: Venceremos, einer: Günter Grass. Alle lachen.

Man beschließt, nochmals von vorn anzufangen, alle bisher gestellten Anträge fallen zu lassen, einen neuen oder auch den alten Diskussionsleiter zu wählen und eine neue Rednerliste aufzustellen.

Jemand sagt: Das ist ein Lernprozeß.

Niemand widerspricht.«

Es gibt eine erste, in der Ich-Perspektive geschriebene Fassung von »Heißer Sommer«. Nach sechzig Seiten stockte das Schreiben. Das schreibende Selbst störte sich – es sollte ja kein biographischer Bericht werden – an einer fehlenden Distanz zu dem fiktiven, dem fremden Selbst. Die Erzählhaltung erschien ihm zu beliebig, erlaubte zu wenig Brechung. Der Anfang hatte den Autor in eine Richtung gebracht, die revidiert werden musste. Das Umschreiben, dieses »Nein, nein, nein«, führte nicht zu dem entscheidenden »Ja«. Dabei geht es nicht um das naturwissenschaftliche Wahrheitsmodell: richtig oder falsch, sondern um eine existenzielle, an den Autor gebundene Wahrheit, die den Debütanten vorerst in Fragen, Zögern, Zweifel stürzte; dieses biblische »und es war gut« wollte sich nicht einstellen. Es ging nicht nur um einzelne Sätze, die »stimmen« sollten in ihrem Rhythmus, ihrem Stil, ihrer Genauigkeit, es ging um die ganze Konstruktion.

Das Erzählen aus der Ich-Perspektive der fiktiven Person blieb im Anekdotischen stecken, es konnte nicht in die tieferen Schichten der Figur vorstoßen, um dort die Leiden, die Widersprüche der Figur auszuforschen. Hilfreich und klärend waren damals die Diskussionen mit dem Lektor und Autor Gerd Fuchs.

Der Wechsel von der Ich- zu der Er-Perspektive erlaubte eine größere Distanz zur Figur, ließ auch einen schärferen, kritischen Blick auf die Erfahrungen des eigenen Selbst in jener Zeit zu, so wurden Ironie, Witz und Brechung möglich. Die Komik in dem Roman wurde bei Erscheinen von der linken Kritik nicht wahrgenommen. Heftig diskutiert wurde 1974, ob im »Heißen Sommer« die politischen Haltungen richtig dargestellt worden seien, die Bedeutung der Arbeiterklasse, der Randgruppengruppenarbeit usw. Wobei jeder seine Erfahrungen einbrachte, und diese waren so unterschiedlich und vielfältig wie die Protestbewegung selbst. Es war auch diese Schreiberfahrung, die den Autor von der antiautoritären Bewegung wegführte, wobei der Schreibende dem Handelnden ein wenig voraus war in seinem Suchen, Fragen, Finden. Kennengelernt hatte der Autor ältere Männer, die nicht unter dem Arm ihre Blutgruppe eintätowiert hatten, wie es das Kind bei einem seiner Onkel, der bei der SS war, in der Badeanstalt hatte sehen können, bei diesen Männern waren die Zahlen krakelig auf den Unterarm tätowiert. Es waren Kommunisten, deren nüchterne politische Strategie sich von der in Gruppen und Grüppchen zerfallenden Protestbewegung unterschied, von den Theorie- oder Drogenseligen, von Anarchos, Maoisten und der Stadtguerilla. Zwar störte den Erzähler die Nähe, die Solidarität, die unverbrüchliche, zu den sozialistischen Ländern, aber zu der Zeit war das noch kritisch zu diskutieren, der eurokommunistische Weg schien als Alternative auf, und so schloss der Autor sich ihnen an. Und es muss gesagt sein, die Diskussionen in der Partei waren offen, scharf und kontrovers – nur öffentlich waren sie nie. Auch fand eine eigentümliche Verbiegung der geschätzten, bewunderten Genossen, die Jahre in Konzentrationslagern oder Gefängnissen widerstanden hatten, statt, wenn sie bei all ihrer analytischen Fähigkeit jede Kritik abschalteten, sobald die widersinnige Formel vom »real existierenden Sozialismus« fiel. So wuchs bald der Dissens über die Missbildung der Realität im Sozialismus und führte zur endgültigen Trennung im Frühjahr 1981.

Der Erzähler hatte es sich, das darf ich sagen, nicht leicht gemacht, hatte ohne Erfolg gegen enge Überzeugungen andiskutiert, hatte sich an Infoständen anpöbeln lassen, hatte an einer Betriebszeitung mitgearbeitet, die einmal im Monat verteilt wurde, vor dem Fabriktor standen drei doctores, ein Doktor der Byzantinistik, ein Doktor der Archäologie und ein Doktor der Philosophie, und verteilten die Zeitung an Arbeiter, die von diesen jedoch sofort in eine eigens dafür bereitgestellte Papiertonne geworfen wurde. Nach zwei Jahren sagten wir, es geht voran, einige Arbeiter grüßten uns immerhin, und nach einem weiteren Jahr wechselte man hin und wieder ein paar Worte. Und als eine Kommunalwahl bevorstand, sagte einer der Arbeiter: Weißt du, warum wir euch net wählen? Nee. Weil wir euch dann nimmer loswerden.

Wie ist das auszutarieren, dieser Widerspruch zwischen der Freiheit des Einzelnen und der Gleichheit aller? Im sogenannten realen Sozialismus war die Freiheit verkümmert, in der sogenannten sozialen Marktwirtschaft die Gleichheit.

Die Erinnerung an diese Zeit ist geprägt von kontroversen Diskussionen, auch vom Zerfall alter Freundschaften. Der Autor führte in der Zeit ein Journal, machte sich Notizen über den Realitätsverlust in der politischen Sprache der Linken, in der die Frage nach der Wahrheit nicht existenziell verortet, sondern politisch verordnet war. Der auslösende Anlass für den Roman »Kerbels Flucht« war der Selbstmord eines jungen Genossen in München. Das Schreiben war auch hier eine Selbstklärung durch einen nahen Fremden, der zu der fiktiven Figur des Christian Kerbel wurde. Ein junger Mann, Student ohne Abschluss, Taxifahrer, lebt zurückgezogen und hat sich von der politischen Arbeit abgewandt. Seine hinterlassenen Aufzeichnungen ordnet ein nicht genannter Kompilator unter dem Blickwinkel, wie es zu der Selbsttötung kommen konnte. Das ist notwendigerweise in einer Montagetechnik geschrieben, Tagebucheintragungen, Briefausschnitte, Zitate aus der Lektüre Kerbels, literarische Texte, in denen reflektiert wird, wie die politische Sprache formelhaft erstarrt ist, wie der Elan und die Neugier auf Veränderung in der Geschäftigkeit politischer Arbeit verloren gegangen sind. Die Sprache des Begehrens wird der politischen Sprache gegenübergestellt, die zwar appellativ Veränderung propagiert, aber zum Sprachmuster erstarrt ist, keine Selbstbewegung mehr hat, geschweige denn etwas außerhalb ihrer selbst bewegen könnte. Damit war nicht nur ihr utopisches Moment, dieses Begehren verloren, sondern auch jede politische Wirksamkeit. Hier liegt einer der Gründe, warum die Protestbewegung, warum der revolutionäre, auf Veränderung gerichtete Impuls seine Kraft verlor. Ein Motiv, das mich 25 Jahre später noch in dem Roman »Rot« beschäftigt hat, auch als Trauer über jenen Verlust an Offenheit in einem Entwurf von Welt, der, wie Derrida später einmal schreiben sollte, »in sich das lustvoll Unabgeschlossene trägt, die emanzipatorische Verheißung«.

»Kerbels Flucht« erschien 1980, und mit ihm verabschiedete sich wenig später der Autor von dem parteipolitischen Engagement, verstand und versteht sich fortan als Freibeuter jeglicher ideologischer Konterbande, das heißt, er segelt seither unter eigener Flagge.

Und der Sturz Wissmanns? Wie schon gesagt, beim Schreiben über diesen Denkmalsturz im »Heißen Sommer« kam dem Erzähler erst zu Bewusstsein, was alles er als Kind gelesen und gehört hatte, aus der Sicht der Sieger, der strengen, aber gerechten Deutschen: die Schlacht am Waterberg, der Gewaltritt des Hauptmanns Franke nach Omaruru und so weiter. Jedoch sind Denkmäler leichter zu stürzen als die in der Sprache verankerten Bilder und die sie bestärkenden Emotionen. Der Autor dachte, es sei zur Klärung der eigenen Erinnerung und des eigenen Selbstverständnisses nicht falsch, dem nachzugehen, was ihn einmal derart fasziniert hatte, dass er sein Taschengeld nicht in Schallplatten oder Kinokarten, sondern in Kolonialbüchern anlegte. So kam es zu einem Projekt, das nach dem »Heißen Sommer« als zweiter Roman 1978 unter dem Titel »Morenga« erscheinen sollte. Zentral für die Arbeit an dem Roman war, da Zeitzeugen, bis auf zwei Ausnahmen, nicht mehr berichten konnten, die zur Verfügung stehenden Gedächtnisdepots aufzusuchen, die Archive in Windhuk und Koblenz, sowie die Lektüre von Dokumenten, die Sichtung von Fotos, Tagebüchern, Briefen und Akten. Beides, Fakten und Fiktion, sollten zusammenwirken. Nicht erst seit Hayden White wissen wir, dass in der Geschichtsschreibung nicht die historische Wirklichkeit objektiv wiedergegeben wird, sondern dass auch Klio erzählt. Selbst eine reine Dokumentensammlung hat eine Tendenz zum Erzählen, ein Muster, ein episches Muster, das durch Auswahl, Anordnung und Gewichtung entsteht und Bedeutung generiert. Der Roman hingegen hat darüber hinaus die Freiheit, Möglichkeiten durchzuspielen, und er kann sich auf die Sprache konzentrieren. Er kann und will nicht die vergangene Wirklichkeit rekonstruieren, sondern eine Gegengeschichte schreiben. »Erinnern konstruiert gegenwärtige Vergangenheit. Wir operieren mit anderen Worten nicht mit Vergangenheit, sondern mit Geschichten, in deren Konstruktion die Vorstellungen eingehen, die wir uns von der Beschaffenheit von Vergangenheit machen.« Was der Münsteraner Philosoph Siegfried J. Schmidt schreibt, soll für die Geschichtsschreibung gelten, gilt genauso für die Literatur, denn deren Vorstellungen arbeiten mit Bildern, Konstellationen, Ereignissen, Figuren, in denen sich Bedeutung konzentriert. Dem Autor war selbstverständlich, dass er den Stoff eines Kolonialaufstandes aus dem Jahr 1904 nicht so erzählen konnte, als sei er Zeuge des Geschehens gewesen, als hätte er als Mäuschen unter Tisch und Bett gesessen. Für eine Einfühlungsästhetik war auch die Distanz der Sprache von damals auf heute zu groß. Und ebenso groß war selbstverständlich die Distanz zu den anderen Kulturen im südlichen Afrika. Dem Autor erschien es anmaßend und autoritär, sich in das Bewusstsein der Afrikaner zu begeben, sie gewissermaßen im Nachhinein nochmals literarisch zu kolonisieren. Deren Welt, deren Mentalität waren ihm so staunenswert fremd, dass sie bei allem Versuch, sie zu verstehen, auch fremd bleiben sollten.

Das noch vorsprachliche Energiegebräu begleitete den Autor während seiner Recherchen, während seiner Reise durch das damals noch von den Südafrikanern besetzte Südwestafrika, recte Namibia, und stellte sich als Frage der Konstruktion, wie also das Fiktionale mit dem Faktischen zu verbinden sei, wobei angemerkt werden muss, dass zu jener Zeit das Wissen um die koloniale Vergangenheit recht passiv ruhte, auch bei den Historikern. Nur zwei wissenschaftliche Arbeiten standen zur Verfügung, die von Bley und Drechsler. Was später als postkolonialer Diskurs bezeichnet und von Amerika, insbesondere durch Edward Said angestoßen wurde, war in Deutschland noch unbekannt, und erst langsam, sehr langsam, Jahre später, wurden die entsprechenden Fragestellungen zur Kenntnis genommen, mit einiger Verwunderung, schließlich erreichten sie auch die Germanistik, die sich im Tausendjährigen Reich noch so intensiv mit dem »Volk ohne Raum« beschäftigt hatte. Der Roman musste also auch eine Kartographie des Verstehens liefern, mit Fakten, Zahlen und Informationen, ohne jeden pädagogischen Gestus, was eine eigene, noch zu entwickelnde Ästhetik erforderte.

Neben den Fragen der Konstruktion war es zugleich die **Lust** am Erzählen, ja, ich muss es so sagen, gerade in diesem Hörsaal, einem Erzählen, das von Adorno als Möglichkeit, Wirklichkeit literarisch zu erfassen, so vehement verdammt worden war. Die Lust am blauen Dunst, der ja auch, wie wir vom Nikotin wissen, den Geist erhellen kann. Anstoß für ein solches Fabulieren lieferte ein knapper Hinweis in dem Buch von Heinrich Vedder »Das alte Südwest«. Darin wird eine Liste der Europäer wiedergegeben, die sich zwischen 1870 und 1880 in dem Gebiet von Südwest aufgehalten haben. 137 Personen zählt der Missionar Vedder. Unter der Nummer 76 heißt es: »Klügge oder Krüge aus Hörde bei Dortmund. Geisteskrank, durchzieht mit einer Karre, die er selbst schiebt, ganz Namaland und kommt bis Otjizewa.«

Nichts weiter stand dort, aber es eröffnete alles, und so wurde aus diesem Klügge, von dem nichts weiter in Erfahrung zu bringen war, der Kaufmann, der mit einem riesigen Branntweinfass in die Steppe kommt, um dort Straußenfedern, die damals in Europa von Putzmachern verstärkt verlangt wurden, gegen Branntwein einzutauschen. Im ökonomischen Tausch das denkbar beste Nichtäquivalent, es verfliegt im Rausch und erzeugt zugleich eine starke anhaltende Nachfrage durch die Sucht. Der Alkohol war in allen afrikanischen Kolonien das Mittel, die Naturalwirtschaft aufzusprengen und den Absatz europäischer Waren zu sichern. Wie es diesem Klügge mit seinem überdimensionalen Fass, das von 24 Zugochsen gezogen wurde, weiter ergangen ist, das kann man nachlesen. Und Adornos »Der Standort des Erzählers im zeitgenössischen Roman«? Ja doch, der Erzähler wird im Roman reflektiert, ist, wenn man so will, selbstreferenziell: denn die Geschichte wird von einem Zugochsen erzählt.

Wenn Adorno in seinen Noten zur Literatur schreibt: »Zerfallen ist die Identität der Erfahrung, das in sich kontinuierliche und artikulierte Leben, das die Haltung des Erzählers einzig gestattet«, dann kann man dem zustimmen und muss ihm zugleich widersprechen. Erzählen kann in sich die Komplexität aufnehmen, auch die Zerfallenheit mit allen Brüchen, Leerstellen, es hat die Möglichkeit, mit den unterschiedlichsten sprachlichen Mitteln zu arbeiten: Zitaten, Dokumenten, theoretischen Reflexionen, Essayistik. Ein »Einzig«, wie es Adorno dogmatisch postuliert, gibt es in der Ästhetik nicht. Sie ist als

»Wahrnehmung« per se vielfältig. Und der Roman ist die nicht festgelegte literarische Form, in der man gerade darum über die komplexe Wirklichkeit nachdenken kann, er ist ein Nimmersatt, und, um im Diätetischen zu bleiben, er kann alles verdauen. Allerdings muss Erzählliteratur, will sie gelingen, das leisten, was Roman Jakobson formuliert, sie darf nicht nur über ihren Gegenstand handeln, sondern muss auch über die Sprache und die problematische Relation zwischen Bewusstsein, Sprache und Realität reflektieren und auch über die Sprache des Autors.

Sie sehen, der Autor, ich, hatte sich viel vorgenommen. In dem multinarrativen System des Romans »Morenga« werden auch Dokumente aus Archiven zitiert, kommentarlos, weil sie keines Kommentars bedürfen, wie beispielsweise die Debatte über die Prügelstrafe, die zwischen der Berliner Kolonialbehörde und den Beamten vor Ort geführt wurde, darüber, ob es besser sei, mit dem Tauende zu prügeln, wobei es immer wieder zu Todesfällen komme, oder mit der Nilpferdpeitsche, was bei dem Gezüchtigten zu schweren Epidermisschäden und damit zur Arbeitsunfähigkeit führe.

Und schließlich das Dokument, das ich während der Recherchen in dem Archiv von Windhuk fand, die Geheimakte »Morenga«. Eine Akte, die von der deutschen Kolonialverwaltung angelegt und nach der Niederschlagung des Aufstands verwahrt worden war. Eine Akte, in der mir die erstaunliche Gestalt des

Jakob Morenga begegnete. Morenga war der Führer der aufständischen Namas, damals Hottentotten genannt, gewesen, ein Guerrillero, durchaus mit Che Guevara vergleichbar. Man kann seine Theorie in Interviews der »Cap Times« nachlesen, aus denen auch im Roman zitiert wird. Ein Mann, der seine gefangenen deutschen Gegner schonte, im Gegensatz zur deutschen Schutztruppe, die Aufständische erschießen oder hängen ließ und Frauen, Kinder, alte Männer in *concentration camps* sperrte. In diesen Lagern starben die Namas und Hereros zu Tausenden. Es war, aus der Sicht der Deutschen, ein Rassenkrieg, der nur mit dem Untergang einer der beiden Nationen zu beenden war. Das schrieb der Generalstabschef Graf Schlieffen. Es war keine Frage, welcher Nation das beschieden sein würde. Wie kommt es zu dieser Bereitschaft, mit einer tiefen Selbstverständlichkeit und einem rechtschaffenden Gewissen zu töten?

Was man selbst internalisiert hatte: Effektivität, Disziplin, Selbstzucht, Tapferkeit, Sauberkeit, Pünktlichkeit, diese so hochgeschätzten Tugenden waren mit einem Verlust bezahlt worden, mit dem man nun in der Fremde, durch die Lebensweise der Namas wieder konfrontiert wurde, durch ihre Freundlichkeit, Muße, Gelassenheit. Sie unter den Begriffen der Faulheit und des In-den-Tag-hinein-Lebens zu verachten, entsprang eben dieser Ahnung von dem eigenen Verlust, den man aus der Welt schaffen wollte. Ein Vernichtungswille aus Selbsthass, aus der Ahnung von einem Nicht-gelebten-Leben. Das findet sich in der Sprache, in der Beschreibung von Menschen, auch von Landschaften, die immer wieder vergleichend das Andere herabsetzt oder es sich aneignet. Ein Unverständnis, dem eine andere Erfahrung von Zeit und Welt zugrunde liegt, eine Wahrnehmungsschwäche durch den Zangengebrauch von Sprache, von Worten wie pflichtvergessen, disziplinunwillig, arbeitsscheu. »Die Prügelstrafe ist die einzige Strafe, die der Eingeborene als solche empfindet.«

Übrigens taucht Morenga, der dem Roman den Namen gab, nie als handelnde Person darin auf, er bestimmt zwar das Geschehen, die Reaktionen der deutschen Schutztruppe, aber als Person wird er nur indirekt eingeführt, in dem Bericht eines Veterinärs. Eine kurze Notiz in dem vom deutschen Generalstab herausgegebenen Werk »Der Hottentottenkrieg« erwähnt einen Veterinär, der nach einem Gefecht mit Morenga gesprochen hat. Diese Stelle war der fiktionale Treibsatz für die Hauptfigur des Oberveterinärs Gottschalk.

Was hier nacherzählt schon eine Struktur hat, war am Anfang in seiner Material- und Problemfülle ein Energiegebräu. Der Autor las und notierte und überlegte, lief nicht ansprechbar durch die Gegend – alles Grübeln half nicht, es wollte sich keine tragfähige Konstruktion finden, die dem Anspruch genügen konnte, nicht nur den historischen Gegenstand zu behandeln, sondern auch und vor allem über die Sprache selbst und die problematische Relation von Sprache,

Bewusstsein und geschichtlicher Realität nachzudenken.

Ich darf hier versichern: Der Autor ist der Aufklärung verpflichtet und Feind jeder Spökenkiekerei und Geniefaselei, aber die Struktur dieses Romans fand sich nach wochenlangem Grübeln, nach vielen Anläufen, Umschreibungen, Neuanfängen, nach Zagen, Zaudern und Verwerfungen ganz zufällig in Wien, als er vor dem Palmenhaus der Hofburg stand, einer gewaltigen Eisenkonstruktion, in die einmal die Tropen nach Europa geholt werden sollten. Plötzlich war, der Autor staunte, die Konstruktion, der Aufbau der so dispersen Teile da, das heißt im Kopf, diese Verbindung von Dokument, von historisch Recherchiertem und phantastischem Erzählen. Es folgte eine dreijährige Arbeit, die dem Autor einen kritischen Blick auf sein kulturell geprägtes Selbstverständnis gewährte, ein Schreiben mit vielen Umschichtungen, vielen »Nein« und hin und wieder einem »Ja«, das bis zuletzt nicht um den Schluss des Romans wusste – der den Helden **endlich** in einem Freiballon entschweben lässt.

Die Siege und die militärischen Führer sollten durch Straßennamen und Denkmäler in das deutsche Gedächtnis eingeschrieben werden. Die Afrikaner, die Aufständischen und die zahllosen Opfer wurden in dieser Herrschaftsgeschichte, die nach 1919 von den Südafrikanern bestimmt wurde, übergangen und vergessen gemacht. Vergessen war auch die erstaunliche Gestalt Morenga. Er wurde über die Literatur, über diesen Roman aus Deutschland, wieder zurückgebracht nach Namibia. So kann denn durch die kindliche Bewunderung eines Denkmals, das später gestürzt wird, ein anderes Bild wiedergefunden werden, das den Anspruch, alle Menschen sollten Brüder, frei und gleich sein, spiegelt – eine literarische Konstruktion von einem geschichtlichen Ereignis und eine, in der, im Gegensatz zu der Geschichtswissenschaft, auch Zugochsen zu Wort kommen. Der Roman darf und kann alles, er kümmert sich nicht um Vorschriften und ästhetische Verbote, er ist die zeitgemäße vitale literarische Form, um über uns und das Verhältnis von Sprache und Wirklichkeit nachzudenken, und das auf eine lustvolle Weise.

5.
Über das Ende

Wie am Anfang der Vorlesungen wollen wir auch an deren Ende das Internet bemühen und die ersten, also zufälligen Einträge zitieren. Sie lauten: »Das Ende der Götter. Das Ende vom Kreis. Das Ende der Welt.« Ganz schön gewichtig, diese drei Enden. Und unter so vielen Enden auch dieses medial selbstreferenzielle: »Ende des Internets! Weitersurfen nur auf eigene Gefahr! Sie können das Internet herunterfahren oder neu starten.« Ich habe weder das eine noch das andere getan und darüber nachgegrübelt, welche Alternative es gäbe, außer der, einfach nichts zu tun. Und dann gibt es Blödeleien, wie diese aus einem Schlager: »Alles hat ein Ende, nur die Wurst hat zwei.«

Aus den Niederungen der Schlagerreime wollen wir zu Buddha kommen, dem der Satz zugeschrieben wird: »Was einen Anfang hat, hat auch ein Ende.« Das ist durchaus nicht so schlicht, wie es zunächst klingt. Denn es muss eine Instanz da sein, die bestimmt, wann ein Anfang, also etwas im Werden begriffen ist, und ebenso, dass daraus notwendig ein Ende resultiert. Buddha kannte ja noch nicht das physikalische Gesetz der Entropie, ebenso wenig wie die Vorstellung vom Urknall des Anfangs. Sein Satz ist eher von der

Erfahrung des Todes abgeleitet, wobei der Tod selbst nicht erfahrbar ist, er ist das Ende der Erfahrung. Der Tod ist somit immer nur das von außen Erfahrene.

Alles, was einen Anfang hat, hat auch ein Ende. Auch die griechischen Götter sind dem unterworfen, sobald sie aus dem Chaos des Anfangs, diesem noch nicht strukturierten Energiegebräu, hervorgetreten sind. Die olympischen Götter kommen in die Welt, indem sie Kronos mit einer Sichel entmannen, was wohl heißt, sie kommen in die Zeit, sind ihr aber nicht unterworfen, die ewigen, so das Epitheton ornans. Und doch sind auch sie von einem Ende bedroht, denn der Mythos sagt, dass sie eine Energiezufuhr durch Ambrosia benötigen, er sagt aber nicht, was passieren würde, wenn diese Zufuhr einmal unterbrochen wird.

Der Gott der Bibel hingegen war schon immer da, er hat keinen Anfang, er hat kein Ende. Er ist die Ewigkeit. Er schuf Tag und Nacht und damit die physikalische Zeit, er schuf den Mann und die Männin, wie es bei Luther heißt, und ließ sie durch den Genuss der Frucht der Erkenntnis schuldig werden, also sterblich, damit beginnt die Menschenzeit. Als Früchte dieser Sünde wurden geboren: Kain und Abel. Nicht Adam ist der erste Tote, sondern Abel, und er stirbt keines natürlichen Todes, also eines durch die Zeit bedingten, wie später sein Vater Adam, von dem es heißt, er starb hochbetagt. Abel wird Opfer eines Verbrechens. Eine Tötung im Affekt, sein Bruder Kain war gekränkt, weil der Herr des Gartens seine Opfergaben nicht annehmen wollte. Vielleicht erinnerten sie den Herren des Gartens zu sehr an die gestohlene Frucht aus dem Paradies.

Wir können sagen, dass der Gott des Alten Testaments an diesem Verbrechen beteiligt war. Er hätte als Schöpfergott die Reaktion Kains voraussehen müssen. So war mit dem Totschlag Abels, des Hirten, das Böse in die Welt gekommen. Mord und Totschlag, während zuvor nur die List Evas und der Ungehorsam Adams in der Welt waren. Jetzt war die Schöpfung perfekt. Sie war nicht mehr einfach gut, sondern sie konnte auch schlecht sein. Der Tod, das Ende, war durch Menschenhand möglich. Plötzlich ist der Mensch Herr über Leben und Tod, also in direkter Konkurrenz zu Gott. Heute könnte er dessen Negation werden, gottähnlicher Zerstörer jeglichen Lebens. Und keine Arche ist in Sicht.

Aus dem Totschlag Kains folgen all die moralischen, von dem Herrn des Gartens gesetzten Regeln, die Gesetze, die versuchen, die Allmacht des Menschen wieder zu begrenzen. Erst mit dem Brudermord Kains entfaltet sich eine prekäre Sittlichkeit, davon zeugt das Mal auf Kains Stirn. Das Wissen vom eigenen Tod und das Wissen, töten zu können, setzen eine Autonomie dem Schöpfer gegenüber frei, eben diese Freiheit der Tat und die Verantwortung vor sich selbst, weil es ein irreversibles Ende gibt, den Tod. Die Handlungen sind nicht unendlich korrigierbar, sondern jeweils einmalig; so kommen auch Schuld, Versagen und Tragik in das Leben jedes Einzelnen. Es ist die Voraussetzung für das große Welttheater, von dem Nietzsche schreibt: »Ein Vorwurf für einen großen Dichter wäre die Langeweile Gottes am siebenten Tag der Schöpfung.« Das hieße aber auch, dass der Schöpfer tätig wurde, ohne abzusehen, dass in der Ruhe, in der Nicht-Schöpfung die Langeweile steckt. Um ihr zu entgehen, braucht der Allmächtige das Welttheater, und für ein ästhetisches Genießen, das Überraschung und ein offenes Ende braucht, muss er den Handelnden die Freiheit des Willens zugestehen. Er darf das Ende nicht wissen. Das Ende als offenes Ende in seinem ursprünglichen Sinn, er weiß nicht, wie es ausgeht, bei der Wahl zwischen Richtig und Falsch, zwischen Gut und Böse. Es sei an ein Wort Nietzsches erinnert, der fragt, ob es denn niemandem aufgefallen sei, dass in der Hölle all die interessanten Leute versammelt seien, während im Himmel die Langweiler säßen.

Doch wäre das eine naive und zugleich avancierte Neugierde des Allwissenden, wenn er sich selbst das Wissen vom Ende der Handlung vorenthalten wollte – ein Aufschub, der vielen nicht unbekannt ist, die sich zwingen, nicht vorzugreifen, nichts zu überspringen. Es geht dabei nicht nur um die Dramatik der Handlung, sondern um das Konstrukt, um den fertigen Bau eines Textes. Diese Leseintention führt uns durch die literarischen Kosmogonien auf das hoffnungsvolle, tröstliche, tragische, komische oder eben nur offene Ende hin. **Das Ende ist das ästhetische Versprechen, dass etwas nicht einfach beliebig ist.** Diese Intention wird sich selbst bewusst im Fragment, wenn die Arbeit an dem Werk durch äußere Einflüsse abgebrochen wurde, durch Tod, Krankheit, Scheitern aus schreibimmanenten Gründen, oder wenn mit der Form des Fragments ästhetisch gespielt wird, wie in der Romantik, in der es als mustergültig für die nicht geschlossene Form des wahren Kunstwerks galt. Allerdings entgeht auch dieses Konzept nicht dem logischen Zirkel, dass jedes Fragment einen Anfang und ein – wenn auch als Abbruch inszeniertes – Ende hat. Die ästhetische Intentionalität richtet sich letztlich auf das Ende, da der Weg dorthin ihr Interesse ist. Erst vom Ende aus lässt sich sinnvoll verstehen, was der gesamte Text sagen will, wie die Sprache selbst spricht. Auch da, wo sich die Aufmerksamkeit ganz auf die Konstruktion, die Sprache richtet, wird sie immer von der Hoffnung auf ein gutes Ende begleitet: Der Text möge gelungen sein. Ein ästhetisches Happy End.

Am Ende der Bücher Mose, also im fünften Buch, gibt der Herr des Gartens Moses ein Versprechen.

»Und Mose ging«, heißt es in der Übersetzung Luthers, »von dem gefilde der Moabiter auf den berg Nebo, auf die spitze des gebirges Pisga, gegen Jericho über. Und der HERR zeigete ihm das ganze land Gilead bis gen Dan:

Und das ganze Naphthali, und das land Ephraim und Manasse, und das ganze land Juda, bis an das äußerste meer,

Und gegen mittag, und die gegend der breite Jericho, der palmenstadt bis gen Zoar.

Und der HERR sprach zu ihm: Dis ist das land, das ich Abraham, Isaac und Jacob geschworen habe, und gesagt: Ich will es deinem samen geben; du hast es mit deinen augen gesehen, aber du solt nicht hinüber gehen.

Also starb Mose, der knecht des HERRN, daselbst im lande der Moabiter, nach dem wort des HERRN.«

Es ist eine Verheißung, die bis ins Heute hinein wirkt und damit von der Kraft der Schrift zeugt, denn das vom Gartenherrn gewiesene Land mit seiner genauen topographischen Beschreibung ist das Gelobte Land, das gläubige Juden als das ihnen gehörige ansehen. Eine Botschaft, die bis zum heutigen Tag die Auseinandersetzung im Nahen Osten prägt. Eine archaische Selbstvergewisserung durch Land und Geschlecht. Das Alte Testament verströmt, liest man darin, den Geruch von Samen, mit all diesen Genealogien, Vätern, Söhnen, Brüdern, Töchtern, Frauen, Nebenfrauen, Inzest, Selbstbefriedigung. Sollte dieses Alte Testament für einen »Blurb« auf drei Begriffe gebracht werden müssen, wären es: Recht, Gewalt und Sexualität. Das Neue Testament hingegen ist geruchlos spirituell, »Im Anfang war das Wort«, und sein Ende ist ein ganz und gar unkonkretes Versprechen, dass es ein Leben nach dem Tode gibt. Ein Versprechen auf Unendlichkeit. Der göttliche Odem, der dem Erdenkloß durch die Nase eingeblasen wird, gibt ihm die Seele. Dieser Odem werde, weil göttlich, unsterblich sein, wenn alles andere wieder zu Erde wird. Das ist das Versprechen, das uns später im Neuen Testament der Apostel Johannes macht. Das Bild vom göttlichen Odem ist in seiner Botschaft nachvollziehbar, während die Deutung für einfache Gemüter, der Erdenkloß werde als Erdenkloß auferstehen, also leiblich, immer problematisch war. Was daran abzulesen ist, dass Scholastiker sich mit der Frage beschäftigen mussten, wie es sich mit den in Schlachten und Gefechten abgetrennten Händen, Beinen oder gar mit den ausgefallenen Zähnen verhalte. Werden die auch aus größerer Ferne zur Restaurierung freigegeben? Das Versprechen der Überwindung des Todes gibt der zum Tode verurteile Jesus im Johannes-Evangelium ganz unbildhaft und wunderbar allein durch das Wort: »Wahrlich, wahrlich, ich sage euch: So jemand mein wort wird halten, der wird den tod nicht sehen ewiglich.«

Die hiesige Welt aber wird untergehen. Sie wird ihr Ende finden, und das ist beschrieben in der Offenbarung des Johannes. Die Herkunft des Textes, die Fragen der Zuordnung, Urheberschaft, all diese theologischen Fragen und philologischen Probleme sollen uns hier nicht interessieren. In der Offenbarung wird in albtraumhaften Szenen der Untergang der Welt beschrieben, die Zerstörung der Schöpfung, das Nahen des Jüngsten Gerichts, die Aufteilung in Himmel und Hölle, ewige Qualen gegen ewiges Leben im himmlischen Jerusalem. Es ist einer der wirklich großen literarischen Texte, dessen Wirkung ungeheuer war und ist – nur so viel zur Frage, was Literatur bewirken kann. Diese Bilderflut begegnet uns ja nicht nur in Kirchen und Klöstern: »Und wird kein verbannetes mehr seyn, und der stahl Gottes und des lammes wird darinnen seyn, und seine knechte werden ihm dienen, Und sehen sein angesicht, und sein name wird an ihren stirnen seyn. Und wird keine nacht da seyn, und nicht bedürfen einer leuchten, oder des lichtes der sonnen, denn GOTT der HERR wird sie erleuchten, und sie werden regieren von ewigkeit zu ewigkeit.«

Auch das Ende von Camus' Roman »Die Pest«, den ich in der ersten Vorlesung behandelt habe, liest sich wie eine Offenbarung, der Ton allerdings ist sachlich, die Sprache die eines Chronisten. Die strukturelle Ähnlichkeit zur Johannes-Offenbarung ist erstaunlich, nur dass nicht das ewige Leben versprochen, sondern auf eine Welt ohne Transzendenz verwiesen wird, ohne ausgleichende göttliche Gerechtigkeit. Der Tod ist gewiss, die Katastrophe wird kommen.

Keine Tröstung, kein Leben in Wahrheit und Erleuchtung. Sinn kann allein in der Auflehnung gegen Tod und unnötiges Leid gefunden werden, dem diesseitigen Versprechen der Französischen Revolution von Freiheit, Gleichheit, Brüderlichkeit.

Alle drei in der ersten Vorlesung vorgestellten Bücher – wir wollen auch das Buch der Bücher, das Neue und das Alte Testament einmal neutral Buch nennen –, die »Bibel«, »Die Wahlverwandtschaften« und »Die Pest«, haben am Schluss eine Botschaft und damit eine im weitesten Sinn didaktische Intention. Es sind Kosmogonien, die ein göttliches Jenseits, bei Goethe eine überdauernde Sittlichkeit und bei Camus eine diesseitige Welt ohne Transzendenz behaupten. Das Ende ist in allen drei Fällen der Abschluss einer gerichteten Handlungsbotschaft. Das Ende, die abschließende Botschaft, ist wie der Setzstein in einem Gewölbe.

Die meisten zeitgenössischen Autoren betonen ausdrücklich, dass sie keine Botschaft haben, und einige, was ich sehr erstaunlich finde, sagen, dass sie gar nichts zu sagen haben.

Aber zurück zu den literarischen Texten, die zwar im oben genannten Sinn keine Botschaft verbreiten, aber doch etwas sagen wollen.

Ich hatte in der zweiten Vorlesung noch zwei andere Prosatexte mit ihren Anfangssätzen genannt, »Katz und Maus« von Günter Grass und »Brands Haide« von Arno Schmidt.

»Blakenhof oder die Überlebenden« in »Brands Haide«, die mit dem »21. 3. 1946: auf britischem Klopapier« beginnt und mit dem Satz »Morgen Abend werd ich wieder n Hemd anhaben« lapidar endet, erzählt dazwischen von der Nachkriegsgesellschaft in einem Heidedorf, von einer Mangel- und Notgesellschaft, es ist ein Erzählen, das sich selbst reflektiert, mit Witz und Ironie, dem Mündlichen, der Alltagssprache nahe, und Kalauer, Dialekt, Schnacks und literarische Zitate einbindet. Eine wunderbare Erzählung, die am Schluss einfach unterbrochen wird. Ein ganz und gar unspektakuläres Ende.

Die Novelle »Katz und Maus« beginnt mit drei Pünktchen, unvermittelt und beiläufig: »... und einmal, als Mahlke schon schwimmen konnte, lagen wir neben dem Schlagballfeld im Gras.« Wie aus dem Alltagskontinuum herausgeschnitten, wird die Geschichte von Mahlke mit dem übergroßen Adamsapfel erzählt, der, um von diesem Knorpel abzulenken, sich alles Mögliche um den Hals hängt. Dieser Mahlke ist ein guter Taucher, der ein gesunkenes Minensuchboot ausräumt, einem Ritterkreuzträger den Orden klaut, sich später freiwillig meldet, tatsächlich das Ritterkreuz verliehen bekommt, es sich vor den Knorpel hängt, aber nicht in seiner alten Schulaula reden darf, desertiert und dem Erzähler aus den Augen kommt. Nach dem Krieg lässt er ihn bei einem Treffen der Ritterkreuzträger ausrufen: »Unteroffizier Mahlke wird am Eingang verlangt! Aber Du wolltest nicht auftauchen«, heißt es bei Grass.

Dieses Ende, das mit dem Wort auftauchen spielt, weist auf den Text zurück, auf das Versteck im Minensuchboot, auf das sommerliche Tauchen, auf die Erinnerung des Erzählers und auf die reale Situation,

Mahlke, der nicht erscheint. Zwischen den drei Pünktchen des Anfangs, die eine Auslassung anzeigen, und dem Ausrufen und Nicht-Auftauchen, spielt die »unerhörte Begebenheit«, wie Goethe die Novelle bestimmt hat, erzählt sie von Pubertät, Sommer, Meer, von verquerem Heldentum, einem Diebstahl, einem ratlosen Erzähler.

In der letzten Vorlesung erwähnte ich, dass ich, fange ich an zu schreiben, keine Vorstellung vom Ende habe, also bei dem fiktionalen Schreiben nicht weiß, wohin es mich führt. Diese Entdeckung konnte das schreibende Selbst, das sich in einem fremden Selbst zu verstehen und ergründen suchte, an dem ersten langen Prosatext, dem Roman »Heißer Sommer«, machen.

An diesem ersten Roman hat der Autor über den jetzigen Schluss hinaus noch ein wenig weiter geschrieben. Ullrich Krause fährt von Hamburg nach München zurück. Er hat ein paar Entschlüsse gefasst, will weiterstudieren, will Lehrer werden, will sich mit der Freundin, die er recht rüde verlassen hat, aussprechen. Er sitzt im Zug. »Er freute sich«, schreibt der Autor von seiner Figur und schrieb weiter, ließ ihn ankommen, ließ ihn seine ehemalige Freundin treffen, ließ ihn ein Zimmer suchen, Freunde wiedersehen. Das Schreiben, zuvor von diesem Elan der Selbstklärung getragen, wurde plötzlich zäh, beliebig. Dieses fremde Selbst konnte dies oder das tun. Wie an einer Leine konnte der Autor dieses fremde Selbst hin- und herziehen, ohne wie zuvor auch selbst gezogen zu werden. Der Autor ging schließlich zu dem Satz zurück, der für ihn noch die Neugierde in sich trug, noch von dem Rhythmus getragen wurde, der ihn beim Schreiben geleitet hatte. Das Ende war: »Er freute sich.« Ein beiläufiges Ende. Das fremde Selbst, dieser Ullrich Krause, hatte für das sich befragende, gespannte, neugierige auf Selbsterfahrung ausgerichtete Selbst des Autors an Interesse verloren. Erst später, in dem Roman »Rot«, machte dieser Krause auf eigentümliche Weise wieder auf sich aufmerksam. Der Autor fragte sich, wo er ihn finden könnte, eine sonderbare Frage, die zeigt, dass die fiktiven Figuren auch für den Urheber eine geisterhafte Präsenz behalten. Und sonderbarerweise war es die Vorstellung des Autors, dass dieser Krause als Lehrer in die sogenannten neuen Bundesländer, in die ehemalige DDR, gegangen sein müsse, wo er das, was er einmal aus fehlendem Erleben heraus verklärt hatte, jetzt abzutragen habe. Der Autor wehrte sich eine Zeit lang gegen diese Vorstellung, da er sich dachte, es käme einer Strafversetzung gleich. Das wurde durch die Vorstellung entkräftet, Krause fühle sich dort, in Vorpommern, mit seiner norwegischen Frau recht wohl, betreibe als Lehrer in Anklam nebenher ein Antiquariat und sei damit beschäftigt, ein Archiv der Protestbewegung aufzubauen.

Anders das Ende von »Morenga«, das ebenfalls in der letzten Vorlesung erwähnt wurde. Der Anfang des

Romans beschreibt in knappen Sequenzen die Situation in der deutschen Kolonie kurz vor dem Aufstand 1904. Arbeiter sind von einer Farm verschwunden. Ein Namamädchen warnt die Frau eines deutschen Kaufmanns, »Wenn ich nachts an dein Fenster klopf, kann nur ich es sein, aber dann musst du schnell laufen.« Der Aufstand bricht aus, und davon gehen die schon erwähnten Erzählstränge aus, die eingeschobenen Dokumente, die Erzählungen der Ochsen, die sich durch den Roman ziehende Geschichte des Schutztruppen-Veterinärs Gottschalk. Der Autor war, das ist keine Übertreibung, gespannt, was mit diesem Helden, dem Veterinär, am Schluss passieren würde. Und das war das Ende: Der Veterinär, der sich schon in der Wüste für die Wolkenbildung interessiert hat, macht, nachdem er den Dienst in der Schutztruppe quittiert hat, einen Ausflug in einem Freiballon. Er wollte in die Luft, und der Autor ließ ihn fliegen.

Auslösend war ein bestimmtes Bild, eine Situation, die Erinnerung an einen Bericht über eine Ballonfahrt, wie so vieles weit in die Kindheit des Autors zurückreichend. In dem Bericht wurde beschrieben, dass Sand mit kleinen Schaufeln abgeworfen wird, um den Ballon ein paar Meter höher steigen zu lassen. Diese Vorstellung: Unten steht er, der Autor, also ich, als Beobachter und reibt sich, während der Ballon langsam entschwindet, die Augen. Damit war das Ende gefunden, das etwas über die Wünsche, das Erzählen und das Verhältnis von Fiktion und Wirklichkeit sagt.

Wie der Anfang umgeschrieben werden kann, so kann, jedenfalls in der Prosa, auch das Ende umgeschrieben werden. Hat das Umschreiben am Anfang aber etwas von Spiel, Zufall, vom Würfeln, weil der Autor noch nicht weiß, wohin alles führen wird, jedenfalls dann, wenn er nicht Vorgestanztes schreibt, so hat das Umschreiben am Ende immer etwas von einem Willkürakt, einem Eingriff, der meist zu einer Änderung der gesamten Bedeutung führt. Eine Überlegung, die sich mir so nie gestellt hat. Dazu liefen die Romane von einem gewissen Punkt an entschieden auf ein bestimmtes Ende zu und fanden dort ihren zwingenden Abschluss.

Aber Sie kennen die Beispiele, wo solche späten Eingriffe gemacht wurden. So hat Gottfried Keller das Ende des »Der grüne Heinrich« verändert und damit den ganzen Roman umgedeutet. In der ersten Fassung stirbt der Held. Zwanzig Jahre später lässt Keller ihn in einer zweiten Fassung wieder auferstehen. Und doch ist die Botschaft in der negativen, mit dem Tod des Helden endenden ersten Fassung paradoxerweise positiver. Protest liegt darin, Empörung, kein Einverständnis mit einer gesellschaftlichen Wirklichkeit, die dem Menschen nicht schöpferischen Raum gewährt.

Ich möchte in diesem Zusammenhang auf eine Erzählung von Adalbert Stifter eingehen, dessen »Nachsommer« ich als Student mit Bewunderung und Staunen gelesen habe. Die Erzählung, die in zwei unterschiedlichen Fassungen vorliegt, ist zuerst 1845 unter dem eigentümlichen Titel: »Der beschriebene Tännling« von Stifter veröffentlicht worden.

»Wenn man von Oberplan nördlich über den Brunnberg geht, so steht das Gnadenkirchlein zum guten Wasser, und noch weiter oben steht ein einfaches rothes Kreuz.« Kein besonders einprägsamer Anfang, eine Wegbeschreibung, die sich zu einer Topographie der Heimat Stifters entwickelt, denn schon im ersten Satz wird der Geburtsort Stifters genannt, Oberplan. Dann aber weitet sich jenseits aller Ortsnamen die Beschreibung der Landschaft, der Natur, Wald, Wolken, Berge, Wiesen, aber nicht in karger Aufzählung, sondern zu diesem Ausblick: »Nur an ganz durchsichtigen Morgen, an denen wegen bevorstehenden Regens die Gegend mit keinem färbenden Dufte bedeckt ist, sondern die Dinge in trauriger Klarheit dastehen, schweben in Südost über der schmalsten Waldlinie die norischen Alpen so weit so märchenhaft draußen, wie mattblaue, starrgewordene Wolken.« Es ist diese durch die Sprache sich öffnende, auf die Wahrnehmung zurückwirkende Sicht, die für mich auch jetzt im Nachhinein dieses Bild, die Stimmung, evoziert, die traurige Klarheit, in der die Ferne des Gebirges als mattblaue, »starrgewordene Wolken« erscheint. Über mehrere Seiten wird die Landschaft, werden Berge, Wiesen, Steine, Pflanzen, Wald beschrieben, berichtet wird von der Legende, wie eine Quelle von einem Blinden durch Traumzeichen entdeckt und ergraben und darin ein Gnadenbild der Mutter Gottes gefunden wird. Das Bild wird dem von nun an heilsamen Wasser entnommen und in einer eigens dafür erbauten Kapelle aufgestellt. Ein mehrseitiger ganz und gar undramatischer Handlungsbeginn, bis die Kerngeschichte beginnt: »Lange vor der Zeit, in der wir dieses erzählen, geht die Sage von einem wunderschönen Mädchen, das in der Gegend gelebt haben soll, – oder vielmehr, nicht blos die Sage geht, daß sie gelebt habe, sondern es sind noch Greise, die sie gekannt, die sie mit eigenen Augen gesehen haben, und die von der seltenen Begebenheit erzählen, die sich mit ihr zugetragen hat.«

Das ist kein schlichtes Draufloserzählen, es ist höchst gebrochen und zugleich – das Wort ist hier erlaubt – raffiniert gebaut: wie der Erzähler sich mit dem **wir** einführt, wie er den Gattungsbegriff der »Sage« einbringt, gleich aber wieder relativiert durch die Zeugenschaft von Greisen, die alles noch mit eigenen Augen gesehen haben, wie er also den Anspruch auf wirklich so Gewesenes erhebt. Ein Spiel mit der Fiktionalität.

Die Begebenheit: Ein Mädchen, Hanna, Halbwaise, arm, aber wunderschön, schwarze Augen, noch dunklere Wimpern, die auf den Busen hinabzielen, vor dem Gnadenbild kniend mit dem Wunsch nach eben jenem Flitter, der das Bild umgibt, die Burschen, Söhne der reichsten Bauern, streifen um die kleine Hütte, in der Hanna mit ihrer Mutter lebt, das Mädchen aber lässt sich nur von einem begleiten, Hans, einem Holzfäller, groß, der Stärkste, der jeden niederzwingt, arm, natürlich, bis eines Tages die Herrschaft in dieser Gegend eine große Jagd abhält, elegante Herren in Gold und Silber, Kutscher, Diener in diese entlegene Gegend kommen. Der Sohn des Herren, Guido, sieht sie, Hanna, das arme, aber wunderschöne Mädchen, und wie die beiden so nebeneinander stehen und gehen, sagen alle, das schöne Paar. Und tatsächlich werden sie ein Paar. Da nimmt der Hans sein Beil, schleift es und geht zu dem beschriebenen Tännling, einem markanten großen Baum, wo Guido stehen und auf das ihm zugetriebene Wild warten soll.

Es muss nicht gesagt sein, dass eine derart verkürzte Zusammenfassung der Handlung dem von Stifter Erzählten unendlich fern ist und nur eines beweist, Handlungsmomente sagen nichts über die literarische Qualität aus. Bei Stifter sind sie Anstöße für die Darstellung von Feudalmacht und einer prekären, in Umwandlung befindlichen Welt. Was später im Trivialen noch bei Ganghofer auftaucht, dann nochmals trivialisiert wurde in den Heftchenromanen und Heimatfilmen, dem einzig genuin deutschen Filmgenre, ist bei Stifter durch die Sprache neu und ganz einmalig, diese Verflechtung von menschlichen Schicksalen und Natur. Die Geschichte könnte eine Küchenerzählung sein, und tatsächlich soll Stifter die Begebenheit von seiner Großmutter gehört haben.

Nicht das heile Ganze von Natur und Gesellschaft

wird von Stifter erzählt, sondern das zerfallende Ganze. Die Beschreibungen der Natur, der Wälder zeigen in ihrer Schönheit schon den Verlust, die Abholzung des Waldes, die Zerstörung oder doch Umformung von Landschaft. Und auch in den Neigungen ist schon das Moment der Fremde in der Ungleichheit präsent: hier das Begehren des Holzarbeiters Hans und dort die passive, gleichgültige Hanna, die dem Werben des jungen Herren sofort nachgibt. Sie alle sind von der Schönen angezogen. Diese Bewunderung, ja Anbetung vergisst, dass der Schein des Schönen allein der Natur, dem Zufall geschuldet und eine vergängliche Gabe ist. Und nur scheinhaft auch kann der Standesunterschied zwischen dem adeligen Guido und dem Bauernmädchen aufgehoben werden, das ihn heiraten wird.

Man muss an einem Beispiel hören, welche Sprache Stifter für den zurückgebliebenen, verlassenen Holzarbeiter findet. Keine Rede von dem, was erwartbar wäre: Verzweiflung, Wut, Eifersucht. Ganz von außen beschreibt Stifter, wie dieser Holzfäller sein Beil an einem Stein schleift, wie er sich auf den Weg macht, um den Nebenbuhler zu treffen, wie er den Berg hinaufsteigt, wobei die Sätze etwas von der Atemlosigkeit bekommen, seiner Atemlosigkeit, aber auch unserer, der der Leser, in der Erwartung des Kommenden, das nie direkt angesprochen, sondern lediglich im Schleifen des Beils angedeutet wird, eine, sagen wir ruhig, Spannung, die durch die Beschreibung der Umgebung, dieser stillen, teilnahmslosen Natur, noch gesteigert wird, was – wagen wir ruhig den Vergleich – filmisch wirkt. Wozu die Perspektive, die Totale, beiträgt, die ganz auf Innensicht verzichtet, kein psychologisierendes Beschreiben liefert, keine Reflexion der Figuren auf ihr Tun, nur die ganz beiläufigen, aber bedeutsamen Augenblicke, hin und wieder direkte Rede, die mehr verschweigt als ausspricht. »Er ging sehr eilig, auf Wegen, die ihm bekannt schienen, bald rechts, bald links dem größeren Dickicht ausweichend, anfangs den jenseitigen Hang empor, dann auf der Kante schief hinüber, dann sachte gegen Rechts abwärts, bis er, da die Sonne eben vor einer Weile untergegangen war, am beschriebenen Tännling eintraf. Der Baum stand ruhig und sanft in der Abendluft empor. Seine oft gesehenen vielfach gebogenen und gezackten Aeste ruheten gleichsam wie die ausgebreiteten Fittige eines Vogel in dem labenden Elemente. Hans lehnte sein Beil an den Stamm, und setzte sich gegenüber auf einen mosigen Stein.«

Wobei dieser der Erzählung den Namen gebende **beschriebene** Tännling im Wortsinn für das steht, was die Erzählung einlöst, Naturbeschreibung, denn diese alte große Tanne, die ihren jugendlichen Namen »Tännling« behalten hat, ist durch die Einritzungen, auch die des offensichtlich von dem wartenden Holzknecht stammenden Herzen, nicht mehr bloße Natur, sondern beschriftet, ist durch den Menschen gezeichnet, wie auch die sie umgebende Landschaft durch

Schneisen, durch Abholzung, Umwandlung in Brache und Wiesen verwandelt wurde.

Und dieser »Cliffhanger«, der mit seinem Beil auf einem Stein sitzende Hans, eine Situation, die jeden Kriminalautor, jeden Regisseur begeistern würde? Hans schläft in der Dunkelheit ein und träumt von dem Gnadenbild der Mutter Gottes, zu der er, bevor er sich auf den Weg machte, noch gebetet hat. Einer dieser seltenen lapidaren Sätze in direkter Rede: »Es muß ein verwirrtes Ding gewesen sein, um was ich gebetet habe.« Und natürlich sagt Stifter nicht, um was er gebetet hat. Wir können es nur ahnen. Der Mann steht auf, nimmt sein Beil und geht nach Hause. Und weiter? Das arme Mädchen heiratet den reichen Herrn und verschwindet mit der Mutter in ferne Schlösser. Hans hingegen zieht die Kinder seines verstorbenen Bruders auf, heiratet, bekommt noch zwei eigene, seine Frau stirbt, ein Witwer, dem Stifter sechs Kinder in Obhut gibt. Nach Jahren kommt diese schöne, seelenlose Frau in ihren Heimatort zurück, bleich, gealtert, man kann nicht einmal sagen verbittert, das wäre schon zu banal. Sie sitzt in der Kutsche und sieht einen Mann, der mit sechs Kindern am Wegesrand entlanggeht, in dem sie aber nicht den Hans erkennt. Sie wirft ihm ein Silberstück zu. Der Mann hebt es auf und schleudert es ihr nach, in die Speichen der Kutsche. Ein Aufbegehren, eine empörte Zurückweisung von Almosen. Das war der Schluss, das Ende dieser Geschichte. Jahre später hat Stifter dieses Ende umgeschrieben. In der späteren, zweiten Fassung hebt Hans dieses Silberstück auf, lässt es einfassen und bringt es als Devotionalie in die Kapelle zu dem Gnadenbild.

Zwischen der ersten, 1845 erschienenen Fassung und der zweiten von 1850 liegen die Revolution von 1848 und das politische Engagement Stifters, der als einer der Wahlmänner die Kandidaten für das Frankfurter Parlament mitbestimmt hat. Das Scheitern dieser demokratischen Bewegung, die prekären Lebensumstände und die ihm innewohnende Unentschiedenheit führten Stifter in die Resignation. Noch in der Zeit seiner politischen Arbeit wollte er einen – ich staunte, als ich es las – Roman über Robespierre schreiben. Es ist, zugegeben, ein banausischer Wunsch, diesen Robespierre-Roman gegen den später geschriebenen »Witiko« mit seinem Bergauf-, Bergabreiten und dem Zaumzeug und den Schildern und den blonden Locken des Helden auszutauschen. Der Wunsch ist so müßig, wie der, im Jahre 1848 wäre die Revolution geglückt, die Gründung eines demokratischen bürgerlichen Deutschlands möglich geworden, wodurch es nicht unter dem aristokratisch militärischen Primat Preußens zur Reichsgründung gekommen wäre. Geschichte wird, wie wir wissen, gedeutet, interpretiert, auch konstruiert, aber sie kann nicht in ihren Fakten umgeschrieben werden. Ein solch freies Spiel erlaubt nur die Literatur. So wie sie Handlungsweisen ändern, auch Tote auferstehen lassen kann, nicht nur im Neuen Testament, sondern auch im Roman, wie im »Grünen Heinrich« von Gottfried Keller. Man spricht dann von zwei Fassungen. Tatsächlich sind es zwei Welten mit jeweils anderer Botschaft.

Mir ist die der ersten Fassung von »Der beschriebene Tännling« sympathischer, dieses spontane Aufbegehren, die Empörung eines Mannes, der durch das im Traum erscheinende Bild der Mutter Gottes an einem Mord gehindert wird, anders als Kain, der Abel wegen eines zurückgewiesenen Opfers erschlug. In der Stifter'schen Kosmogonie, dieser Beschreibung der Schöpfung, ist, anders als bei der ersten Bluttat im Alten Testament, inzwischen der Erlöser gekommen, was der gläubige Katholik Stifter weiß; darum wird die Blutschuld durch das Bild der Mutter Gottes verhindert. Insofern ist der zweite Schluss, in dem das Silberstück zum Marienbild getragen wird, derjenige, der dem Entwurf innewohnte, der aus der Logik des Textes folgen musste, der versöhnliche. Wobei wir gerade hier den schrecklichen Verzweiflungstod des Autors mitdenken müssen, der sich mit dem Rasiermesser die Kehle durchschnitt und nach drei qualvollen Tagen starb.

Die märchenhafte, unblutige Versöhnung ist in der Literatur, nicht im Leben gelungen. Ich sagte, die erste Fassung mit dem kleinen, aber entschiedenen Akt des Aufbegehrens am Ende wirkt auf mich, wie auch das damalige politische Engagement Stifters, zwar sympathisch, aber doch wie von außen herangetragen. Eine Merkwürdigkeit voller Ironie, auf die mich der

Germanist und Stifter-Forscher Ulrich Dittmann aufmerksam gemacht hat, muss noch erwähnt werden. Eine gefälschte Reclamausgabe der Erzählung »Der beschriebene Tännling« wurde 1960 als Tarnschrift von der KPD verbreitet. Zwischen Stifters Anfangsseite und den letzten Seiten eines Nachworts findet sich das Protokoll der 16. Tagung des ZK der verbotenen KPD abgedruckt. Ausgewählt wurde Stifter sicherlich, weil er als politisch unverdächtig galt. Vielleicht aber hat auch einer der belesenen Kommunisten, die ich noch kennengelernt habe, diesen Titel mit Bedacht gewählt.

Musste Gottfried Keller den ganzen Roman »Der grüne Heinrich« mühevoll umschreiben, die Ich-Perspektive in die Er-Perspektive transponieren und psychologisch andere Begründungszusammenhänge finden, hat Stifter fast alttestamentarisch einfach den Schluss geändert, gleichzeitig auch die Szene entvölkert. In der zweiten Fassung von 1850 sind es nicht mehr sechs Kinder, die Holzhauer Hans zu ernähren hat, sondern nur noch drei, und aus dem verstorbenen Bruder wird eine Schwester. Alles an diesem zweiten Ende ist verkürzt und verknappt, nur die gealterte Frau, die bleiche, in der Kutsche hat Stifter – er war verheiratet, und das nicht glücklich, wie es heißt – runder, träger und voller gemacht.

Am Anfang ist die Lust der Tat, das Beginnen ins Offene – das Ende hat, gerade in seiner gelungenen Geschlossenheit, etwas von jener »traurigen Klarheit«, in der wir die Welt aus der Distanz sehen, »wie mattblaue, starr gewordene Wolken«.

Das Umschreiben des Textes, das Ändern des Gemachten, des Geschriebenen verweist ja auf diese fundamentale Möglichkeit der Veränderung, nichts muss so sein, wie es ist. Zugleich ist jeder Satz, Absatz, jedes Kapitel, jeder Roman, jedes Gedicht, von dem gesagt werden kann, es sei gut, ein utopisches Versprechen auf das Gelingen, auf den Genuss, in dem – sagen wir es ruhig – die Schönheit und die existenzielle Wahrheit aufleuchten, wenn man denn als Schreiber wie Leser sagen kann: Es ist gut. Ein guter Text hat immer ein Mehr, einen Überfluss an Bedeutung, der über das hinausgeht, was der Autor ihm zu geben glaubte. Und dieses Mehr kann der literarische Text bei neuen Fragen und in neuen Zeiten offenbaren.

Die Bücher, die Romane haben ihr Ende, aber sind nicht tot. Auch wenn sie verstaubt und vergessen herumstehen oder -liegen, warten sie auf ihre Opfer, greift der Leser zu und beginnt zu lesen und liest sich fest, rauben sie ihm, wie Vampire, indem sie sich selbst zum Leben bringen, seine Lebenszeit, schenken ihm dafür fiktive Zeit und Überfluss an Leben. Die **festgeschriebene** Zeit ist die Ahnung von der Zeitlosigkeit. Die Ambrosia der Leser.

Damit komme ich zum Ende. Und es gibt mehrere. Einmal, weil dieser Hörsaal, in dem Theodor W. Adorno, der für mich so wichtige, aber nie erlebte Denker, gelesen hat, wohl abgerissen wird. Sodann das Ende des Suhrkamp Verlags hier in Frankfurt. Ich möchte mich nochmals bedanken für die Möglichkeit, hier zu lesen. Und natürlich das Ende der Vorlesung. Viele Enden also. Aber wir wissen, es gibt auch die Lust des Anfangs. Dank nochmals an die »Vereinigung von Freunden und Förderern der Goethe Universität«, Dank an Herrn Prof. Wyss und Herrn Buhr, die mich so freundlich aufgenommen haben, und *last but not least* bedanke ich mich bei Ihnen, den Zuhörern, die mich in den letzten Wochen in einer so konzentrierten, ruhigen Weise begleitet haben. Herzlichen Dank.